Diário

CHE
GUEVARA

global
editora

© **Ernesto Che Guevara**
8ª Edição, Global Editora 1988
9ª Edição, Global Editora, São Paulo 2009
1ª Reimpressão, 2021

Jefferson L. Alves – diretor editorial
Gustavo Henrique Tuna – gerente editorial
Flávio Samuel – gerente de produção
Dida Bessana – coordenadora editorial
Alessandra Biral e João Reynaldo de Paiva – assistentes editoriais
Ana Cristina Teixeira, Fernanda Almeida Umile e Ana Paula Ribeiro – revisão
Olinto Beckerman – tradução
Spress – editoração eletrônica
Magnum Photos/Latinstock – imagem da capa
Editora Parma – impressão e acabamento

Dados Internacionais de Catalogação na Publicação (CIP)
(Câmara Brasileira do Livro, SP, Brasil)

Guevara, Ernesto, 1928-1967.
    Diário / Che Guevara, [tradução Olinto Beckerman]. – 9. ed.
– São Paulo, Global, 2009.

    Título original: Diário
    ISBN 978-85-260-1361-2

    1. Guerrilhas – América Latina 2. Guerrilheiros – América Latina
– Biografia 3. Guevara, Ernesto, 1928-1967 – Diários I. Título.

09-00238   CDD-920.932242

Índices para catálogo sistemático:
1. Guerrilheiros : Biografia   920.932242
2. Guerrilheiros : Diários   920.932242

Obra atualizada conforme o
NOVO ACORDO ORTOGRÁFICO DA LÍNGUA PORTUGUESA

global editora

Global Editora e Distribuidora Ltda.
Rua Pirapitingui, 111 — Liberdade
CEP 01508-020 — São Paulo — SP
Tel.: (11) 3277-7999
e-mail: global@globaleditora.com.br

globaleditora.com.br
/globaleditora
blog.globaleditora.com.br
/globaleditora
/globaleditora
/globaleditora
/globaleditora

Direitos reservados.
Colabore com a produção científica e cultural.
Proibida a reprodução total ou parcial desta obra
sem a autorização do editor.

Nº de Catálogo: **1618**

Diário

CHÉ
GUEVARA

SUMÁRIO

Capítulo 1. Introdução à edição cubana – Fidel Castro 9

Capítulo 2. 7 de novembro 23

Capítulo 3. Dezembro 29

Capítulo 4. Janeiro 39

Capítulo 5. Fevereiro 49

Capítulo 6. Março 59

Capítulo 7. Abril 75

Capítulo 8. Maio 91

Capítulo 9. Junho 103

Capítulo 10. Julho 115

Capítulo 11. Agosto 129

Capítulo 12. Setembro 141

Capítulo 13. Outubro 157

CAPÍTULO 1

Introdução à edição cubana

Era costume de Che, na sua vida de guerrilheiro, anotar cuidadosamente num diário pessoal suas observações de cada dia. Nas longas marchas por terrenos abruptos e difíceis, no meio dos bosques úmidos, quando as fileiras de homens, sempre encurvados ao peso das mochilas, das munições e das armas, detinham-se um instante para descansar, ou quando a coluna recebia a ordem de "alto" para acampar ao fim de cansativa jornada, via-se Che – como os cubanos o apelidaram carinhosamente desde o princípio – tirar do bolso um pequeno livro e, com letra miúda e quase ilegível de médico, redigir suas notas.

O que lhe foi possível conservar desses apontamentos serviu-lhe depois para escrever as magníficas narrações históricas da guerra revolucionária em Cuba, cheias de conteúdo revolucionário, pedagógico e humano.

Desta vez, graças àquele hábito invariável de ir anotando os principais fatos de cada dia, podemos dispor de uma informação pormenorizada, rigorosamente exata e preciosa daqueles heroicos meses finais de sua vida na Bolívia.

Essas anotações, não escritas propriamente para publicação, serviam-lhe como instrumento de trabalho para a avaliação constante de fatos, situações e homens, ao passo que davam margem às expressões do seu espírito profundamente observador, analítico e, muitas vezes, matizado de fino humor. São notas sobriamente redigidas com profunda coerência do princípio ao fim.

Leve-se em conta que foram escritas em momentos escassíssimos de repouso, no meio do épico e sobre-humano esforço físico e de suas exaustivas obrigações como chefe de um destacamento guerrilheiro na difícil etapa dos começos de luta dessa natureza, que se desenvolvia em condições materiais incrivelmente duras, o que revela uma vez mais seu estilo de trabalho e sua vontade de ferro.

Neste *Diário*, ao analisar em detalhe os incidentes de cada dia, são registradas faltas, críticas e recriminações próprias, inevitáveis no desenvolvimento de uma guerrilha revolucionária.

No seio de um destacamento guerrilheiro, essas críticas devem produzir-se incessantemente, sobretudo na face que é constituída apenas por um pequeno núcleo, enfrentando condições materiais sumamente adversas e um inimigo infinitamente superior em número, quando o menor descuido e a falta mais insignificante podem tornar-se fatais, e o chefe deve ser exaustivamente exigente, devendo ao mesmo tempo utilizar cada fato ou episódio, por insignificante que pareça, para educar os combatentes e futuros quadros dos novos destacamentos guerrilheiros.

O processo de formação da guerrilha é um apelo incessante à consciência e à honra de cada homem. Che sabia tocar as fibras mais sensíveis dos revolucionários. Quando Marcos, reiteradamente admoestado por Che, foi advertido de que poderia ser desonrosamente expulso da guerrilha, respondeu: "Antes fuzilado!". Mais tarde, deu sua vida heroicamente. Igual foi o comportamento de todos os homens em que depositou confiança e aos quais se viu na necessidade de admoestar por uma ou outra causa no decorrer da luta. Chefe fraternal e humano, sabia também ser exigente e, quando preciso, severo; mas, em primeiro lugar e em maior grau, era-o consigo mesmo. Che baseava a disciplina na consciência moral do guerrilheiro e na tremenda força de seu próprio exemplo.

O *Diário* contém também numerosas referências a Debray e evidencia a enorme preocupação que a captura e o encerramento do escritor revolucionário suscitaram em Che, que o tinha incumbido de uma missão na Europa, embora, no fundo, desejasse que Debray permanecesse na guerrilha. Por isso, manifesta certa inconformidade e, às vezes, algumas dúvidas quanto a seu comportamento.

Che não teve possibilidade de conhecer a odisseia vivida por Debray nas garras dos órgãos repressivos e a atitude firme e valorosa que manteve ante seus captores e torturadores.

Destacou, apesar disso, a enorme importância política do processo e, a 3 de outubro, seis dias antes de sua morte, no meio de amargos e tensos acontecimentos, assinala: "Ouviu-se uma entrevista de Debray, muito valente, em face de um estudante provocador". Foi sua última referência ao escritor.

Como, neste *Diário*, aparecem reiteradamente assinaladas a Revolução Cubana e suas relações com o movimento guerrilheiro, alguns poderiam interpretar sua publicação de nossa parte como um ato de provocação que dará argumentos aos inimigos da Revolução e aos imperialistas ianques e seus aliados, os oligarcas da América Latina, para redobrar seus planos de bloqueio, isolamento e agressão a Cuba.

Aos que assim julgam os fatos, é bom recordar-lhes que o imperialismo ianque não precisou nunca de pretextos para perpetrar suas perfídias em qualquer lugar do mundo e que os seus esforços para esmagar a Revolução Cubana começaram desde a primeira lei revolucionária promulgada no nosso país, pelo óbvio e conhecido motivo de que esse imperialismo é o gendarme da reação mundial, promotor sistemático da contrarrevolução e protetor das estruturas sociais mais retrógradas e desumanas que subsistem no mundo.

A solidariedade com o movimento revolucionário pode ser tomada como pretexto, mas nunca será a causa das agressões ianques. Negar a solidariedade para negar o pretexto é ridícula política de avestruz, que nada tem a ver com o caráter internacionalista das revoluções sociais contemporâneas. Deixar de se solidarizar com o movimento revolucionário não é negar um pretexto, mas, de fato, solidarizar-se com o imperialismo ianque e com sua política de domínio e escravidão do mundo.

Cuba é um pequeno país de economia subdesenvolvida, como todos os que, durante séculos, foram dominados e explorados pelo colonialismo e pelo imperialismo, situada somente a 90 milhas da costa dos Estados Unidos, com uma base naval ianque no seu território, e enfrenta numerosos obstáculos para levar a cabo seu desenvolvimento econômico-social. Grandes perigos se abateram sobre a nossa Pátria desde o triunfo da Revolução, mas nem por isso o imperialismo conseguirá dobrá-la, sem que devam deter-nos as dificuldades que uma linha revolucionária consequente pode acarretar.

Do ponto de vista revolucionário, a publicação do *Diário* de Che Guevara na Bolívia não admite alternativa. O *Diário* de Che ficou em poder de Barrientos, o qual de imediato entregou uma cópia à CIA, ao Pentágono e ao governo dos Estados Unidos. Jornalistas chegados à CIA tiveram acesso ao documento na própria Bolívia e deste tiraram cópias, embora mediante o compromisso de se absterem, na altura, de o publicarem.

O governo de Barrientos e os mais altos chefes militares têm muitas razões para não publicar o *Diário*, no qual se pode constatar a imensa incapacidade do seu exército e as incontáveis derrotas que sofreram ante um punhado de guerrilheiros decididos que, em poucas semanas, lhes arrebataram em combate cerca de duzentas armas.

Além disso, Che descreve Barrientos e seu regime nos termos que merecem e com palavras que não poderiam ser apagadas da História.

Entretanto, o imperialismo tinha também suas razões. Che e seu exemplo extraordinário ganham força cada vez maior no mundo. Suas ideias, seu retrato, seu nome são bandeiras de luta contra as injustiças entre os oprimidos e os explorados e suscitam apaixonado interesse entre os estudantes e os intelectuais do mundo inteiro.

Nos próprios Estados Unidos, o movimento negro e os estudantes progressistas, cada vez mais numerosos, converteram em algo seu a figura de Che. Nas manifestações mais combativas pelos direitos civis e contra a agressão ao Vietnã, seus retratos são esgrimidos como emblemas de luta. Poucas vezes na História, ou talvez nunca, uma figura, um homem, um exemplo, se universalizaram com tal celeridade e força apaixonante. É que Che encarna, na sua forma mais pura e desinteressada, o espírito internacionalista que caracteriza o mundo de hoje e cada vez mais o mundo de amanhã.

De um continente ontem oprimido pelas potências coloniais, hoje explorado e mantido no atraso e no subdesenvolvimento mais iníquos pelo imperialismo ianque, surge essa figura singular que se converte em alento universal de luta revolucionária até nas próprias metrópoles imperialistas e colonialistas.

Os imperialistas ianques temem a força desse exemplo e tudo o que possa contribuir para divulgá-lo. É o valor intrínseco do *Diário*, expressão viva de uma personalidade extraordinária, lição guerrilheira escrita ao calor e na tensão de cada dia, pólvora inflamável, demonstração real de que o homem latino-americano não é impotente ante os escravizadores de povos e seus exércitos mercenários, o que os impediu até hoje de lhe dar publicidade.

Poderiam também estar interessados em que o *Diário* não se tornasse nunca conhecido dos pseudorrevolucionários, oportunistas e charlatães de toda laia, que se autoconceituando marxistas, comunistas e outros títulos no estilo, não vacilaram em qualificar Che de equivocado, aventureiro e, com mais benignidade, idealista, cuja morte é o canto do cisne da luta armada revolucionária na América Latina. "Se" – exclamam – "Che, expoente máximo dessas ideias e guerrilheiro experimentado, foi morto nas guerrilhas e o seu movimento não libertou a Bolívia, isso demonstra o quanto estava equivocado...!". Quantos desses miseráveis se terão alegrado com a morte de Che, sem corar sequer ao pensar que as suas posições e arrazoadas coincidem por inteiro com os dos oligarcas mais reacionários e com o imperialismo.

Desse modo se justificam a si mesmos, ou justificam dirigentes traidores que, em determinado momento, não vacilaram jogar com a luta armada com o verdadeiro propósito – como cedo se pode verificar – de destruir os destacamentos guerrilheiros, frear a ação revolucionária e impor suas ridículas e vergonhosas combinações políticas, porque eram absolutamente incapazes de outra linha; ou os que não querem combater, nem combaterão jamais pelo povo e sua libertação e caricaturaram as ideias revolucionárias fazendo delas ópio dogmático sem conteúdo nem mensagem às massas, e converteram as organizações de luta do povo em instrumentos de conciliação com os exploradores internos e externos, e propugnadoras de políticas que não têm nada a ver com os interesses reais dos povos explorados neste continente.

Che considerava sua morte algo natural e provável no processo e esforçou-se por assinalar, especialmente nos seus últimos documentos, que essa eventualidade não impediria a marcha inevitável da revolução na América Latina. Na sua mensagem à Conferência Tricontinental reiterou esse pensamento: "Toda a nossa ação é um grito de guerra contra o imperialismo... Em qualquer lugar que nos surpreenda a morte, bem-vinda seja, sempre que esse nosso grito de guerra tenha chegado a um ouvido receptivo e outra mão se estenda para empunhar as nossas armas".

Considerou-se a si mesmo soldado dessa revolução, sem se preocupar em lhe sobreviver. Os que veem no desenlace de sua luta na Bolívia o fracasso das suas ideias, com o mesmo simplismo poderiam negar a validez das lutas de todos os grandes percursores e pensadores revolucionários, incluídos os fundadores do marxismo, que não puderam culminar a obra e contemplar em vida os frutos dos seus nobres esforços.

Em Cuba, nem a morte em combate de Marti e de Maceo, à qual se seguiu mais tarde a intervenção ianque terminava a Guerra da Independência, frustrando de imediato o objetivo de suas lutas, nem a morte de brilhantes propugnadores da revolução socialista, como Julio Antonio Mella, assassinado por agentes a serviço do imperialismo, puderam impedir, afinal, o triunfo de um processo que começou há cem anos, e ninguém em absoluto poderia pôr em dúvida a absoluta justeza da causa e da linha de luta daqueles líderes, nem a permanência das suas ideias essenciais que inspiraram sempre os revolucionários cubanos.

No *Diário* de Che pode-se apreciar quão reais eram as possibilidades de êxito e quão extraordinário é o poder catalisador da guerrilha, como assinala em seus apontamentos. Em certa ocasião, ante os evidentes sintomas de debilidade e rápida deterioração do regime boliviano, afirmou: "O governo desintegra-se rapidamente, lástima é não dispor de mais cem homens neste momento".

Che conhecia, pela sua experiência em Cuba, quantas vezes nosso pequeno destacamento guerrilheiro esteve a ponto de ser exterminado. Isso pode ocorrer na dependência quase absoluta dos azares e imponderáveis da guerra. Mas tal eventualidade daria a alguém o direito de considerar errônea a nossa linha e, além disso, tomá-la como exemplo para desalentar a revolução e inculcar a impotência aos povos? Muitas vezes, na História, os processos revolucionários foram precedidos de episódios adversos! Acaso não tivemos, em Cuba, a experiência de Moncada, apenas seis anos antes do triunfo definitivo da luta armada do povo?

Para muitos, entre o 26 de julho de 1953, ataque ao quartel Moncada em Santiago de Cuba, e o 2 de dezembro de 1956, desembarque do "Granma", a luta revolucionária em Cuba diante de um exército moderno e bem armado carecia de toda a perspectiva, e a ação de um punhado de lutadores era vista como quimera de idealistas e iludidos "que estavam profundamente equivocados". A derrota esmagadora e a dispersão total do inexperiente destacamento guerrilheiro a 5 de dezembro de 1956 pareceu confirmar por inteiro os augúrios pessimistas... Mas, somente 25 meses depois, os restos daquela guerrilha tinham desenvolvido força e experiência necessárias para aniquilar aquele exército.

Haverá sempre pretextos de sobra para não lutar, em todas as épocas e em todas as circunstâncias, mas será esse o único caminho de não alcançar jamais a liberdade. Che não sobreviveu às suas ideias, mas soube fecundá-las com seu sangue. Com certeza, seus críticos pseudorrevolucionários, com sua covardia política e sua eterna falta de ação, sobreviverão à evidência de sua própria estupidez.

É notável, como se verá no *Diário*, que um desses espécimes revolucionários que já se vão tornando típicos na América Latina, Mário Monje, esgrimindo o título de secretário do Partido Comunista da Bolívia, pretendeu disputar a Che a chefia política e militar do movimento. E visto que alegou, além de tudo, o propósito de renunciar previamente para tanto a seu cargo partidário, bastava-lhe este título para reclamar tal prerrogativa.

Mário Monje, como era sabido, não tinha nenhuma experiência guerrilheira nem nunca tinha travado um combate. Em contrapartida, sua autoconceituação de comunista nem sequer o obrigava a prescindir do grosseiro e mundano chauvinismo que já tinham conseguido superar os líderes que lutaram pela primeira independência.

Com semelhante conceito do que deve ser a luta anti-imperialista neste continente, tais "chefes comunistas" não ultrapassaram sequer o nível internacionalista das tribos aborígenes subjugadas pelos conquistadores europeus na época da conquista.

Assim, o chefe do Partido Comunista de um país que se chama Bolívia e cuja capital histórica se chama Sucre, em honra de seus primeiros libertadores que eram venezuelanos, um e outro, que teve a possibilidade de contar para a definitiva libertação de seu povo com a cooperação do talento político, organizador e militar de um verdadeiro titã revolucionário, cuja causa, além disso, não se limitava às fronteiras estreitas, artificiais e até injustas do seu país, não fez outra coisa senão entrar em vergonhosos, ridículos e imerecidos reclamos de mando.

A Bolívia, por não ter saída para o mar, necessita, mais do que nenhum outro país, para sua própria libertação, sem ter de se expor a um atroz bloqueio, do triunfo revolucionário dos países vizinhos. Che era, além de tudo, pelo seu enorme prestígio, capacidade e experiência, o homem que poderia ter acelerado esse processo.

Che tinha estabelecido relações com dirigentes e militantes do Partido Comunista boliviano, antes da cisão, obtendo deles ajuda para o movimento revolucionário na América do Sul. Alguns desses militantes, autorizados pelo

Partido, trabalharam com ele durante anos, em diversas tarefas. Quando ocorreu a cisão no Partido, criou-se uma situação especial, pois vários militantes que tinham trabalhado com ele dispersaram-se num e noutro grupo. Mas Che não concebia a luta na Bolívia como um fato isolado, mas como parte de um movimento revolucionário de libertação que não tardaria estender-se a outros países da América do Sul. Era seu propósito organizar um movimento sem espírito sectário, para que a ele se incorporassem todos os que quisessem lutar pela libertação da Bolívia e demais povos subjugados pelo imperialismo na América Latina. Mas, nessa fase inicial de preparação da base guerrilheira, vinha dependendo da ajuda de um grupo de valiosos e discretos colaboradores que, ao produzir-se a cisão, tinham permanecido no partido de Monje. Foi por deferência a eles que convidou este, em primeiro lugar, para visitar seu acampamento, embora certamente não lhe devotasse nenhuma simpatia. Depois, convidou Moisés Guevara, líder mineiro e político que se tinha separado daquele Partido para cooperar na formação de outra organização da qual, em seguida, também se pôs à margem, inconformado com Oscar Zamora, outro Monje que há algum tempo se tinha comprometido com Che a trabalhar na organização da luta armada guerrilheira na Bolívia, fugindo depois aos compromissos e cruzando covardemente os braços na hora da ação, para se converter, depois da morte de Che, num dos seus mais venerosos críticos em nome do "marxismo-leninismo". Moisés Guevara uniu-se a Che sem vacilação, como lhe tinha prometido muito antes que chegasse à Bolívia, deu-lhe seu apoio e entregou sua vida heroicamente à causa revolucionária.

O mesmo fez o grupo de guerrilheiros bolivianos, que tinha permanecido, até então, na organização de Monje. Dirigidos por Inti e Coco Peredo, que depois demonstraram ser valorosos e destacados combatentes, apartaram-se de Monje e apoiaram decididamente Che. Mas Monje, não satisfeito com o resultado, dedicou-se a sabotar o movimento, interceptando em La Paz militantes comunistas bem treinados que iam unir-se às guerrilhas. Esses fatos demonstram como existem nas fileiras revolucionárias homens bem dotados de todas as condições necessárias para a luta, cujo desenvolvimento é criminosamente frustrado por dirigentes incapazes, charlatães e manobristas.

Che foi homem ao qual nunca interessaram pessoalmente cargos, direções nem honrarias, mas estava firmemente convencido de que na luta revolucionária guerrilheira – forma fundamental de ação para a libertação dos povos da América Latina, partindo da situação econômica, política e social de quase todos os países latino-americanos – o comando militar e político da guerrilha devia estar unificado e que a luta só podia ser dirigida da guerrilha e não de cômodos e burocráticos escritórios urbanos. E, nesse ponto, não estava disposto a transigir nem a entregar a um miolo mole, de estreita visão chauvinista, o comando de um núcleo guerrilheiro destinado a desenvolver em seu desdobramento ulterior uma luta de ampla dimensão na América do Sul. Che considerava que esse chauvinismo, que muitas vezes infecciona os próprios elementos revolucionários dos diversos países da América Latina, devia ser combatido como um sentimento reacionário ridículo e estéril. "Que se desenvolva um verdadeiro internacionalismo proletário – disse em sua mensagem à Tricontinental – ... a bandeira sob a qual se lute seja a causa sagrada da redenção da humanidade, de tal modo que morrer sob a insígnia do Vietnã, da Venezuela, da Guatemala, do Laos, da Guiné, da Colômbia, da Bolívia... para citar somente os cenários atuais da luta armada, seja igualmente glorioso e desejável para um americano, um asiático, um africano e mesmo um europeu. Cada gota de sangue derramado num território sob cuja bandeira não se nasceu é experiência que recolhe quem sobrevive para aplicá-la em seguida para a libertação de seu lugar de origem. E cada povo que se liberte é uma fase da batalha pela libertação do próprio povo que ganhou."

Che pensava também que do destacamento guerrilheiro deveriam participar combatentes de diferentes países latino-americanos e que a guerrilha na Bolívia devia ser uma escola de revolucionários que fariam seu aprendizado nos combates. Quis ter a seu lado para o ajudar nessa tarefa, com bolivianos, um pequeno núcleo de guerrilheiros com experiência, e que tinham sido quase todos companheiros seus em Sierra Maestra, durante a luta revolucionária em Cuba e cuja capacidade, valor e espírito de sacrifício conhecia. Desses homens nenhum vacilou em atender seu apelo, nenhum o abandonou e nenhum se rendeu.

Che atuou em sua campanha da Bolívia com o ímpeto, a maestria, o estoicismo e a exemplar conduta que nele eram proverbiais. Pode-se dizer que, impregnado da missão que se tinha imposto, procedeu sempre com um espírito de responsabilidade inatacável. Nas ocasiões em que a guerrilha cometia algum descuido, apressava-se a advertir e corrigir, consignando-o no seu *Diário*.

Fatores adversos combinaram-se incrivelmente contra ele. A separação – que devia ser por uns breves dias – de uma parte da guerrilha, na qual se encontrava um grupo de homens valiosos, alguns deles enfermos ou convalescentes, ao perder-se o contato entre ambos os grupos num terreno sumamente acidentado, prolongou-se durante meses intermináveis que ocuparam o esforço de Che em sua busca. Nesse período, a asma – enfermidade que costumava dominar facilmente com simples medicamentos, mas cuja falta a transformava para ele em terrível inimigo – atacou-o impiedosamente, tornando-se um problema sério pelo fato de que os medicamentos que previdentemente tinha acumulado para a guerrilha foram descobertos e tomados pelo inimigo. Esse fato e o aniquilamento, em fins de agosto, da parte da guerrilha com a qual tinha perdido contato foram fatores que pesaram consideravelmente no desenrolar dos acontecimentos. Mas

Che, com vontade de aço, sobrepôs-se ao mal-estar físico e em nenhum instante reduziu a sua ação nem caiu no desânimo.

Foram numerosos os contatos com os camponeses bolivianos. O caráter desses camponeses, sumamente desconfiados e cautelosos, não podia surpreender Che, que conhecia perfeitamente bem sua mentalidade por tê-los tratado em outras ocasiões, e sabia que para conquistá-los à sua causa se requeria um trabalho prolongado, árduo e paciente, mas não abrigava nenhuma dúvida de que, com o tempo, o conseguiria.

Se se acompanha com cuidado o fio dos acontecimentos, vê-se que mesmo quando o número de homens com que contava no mês de setembro, algumas semanas antes de sua morte, que era muito reduzido, a guerrilha mantinha sua capacidade de desenvolvimento e alguns quadros bolivianos, como os irmãos Inti e Coco Peredo, já se iam destacando com magnífica perspectiva de chefes. Foi a emboscada de Higueras, única ação de êxito do exército contra o destacamento comandado por Che, matando-lhe a vanguarda e ferindo-lhe mais vários homens em pleno dia, quando se transferiam para uma zona camponesa de maior desenvolvimento político – objetivo esse que não aparece consignado no *Diário*, mas que se conhece por meio dos sobreviventes – que lhes criou uma situação insuperável. Esse avanço de dia pela mesma estrada que vinham trilhando durante várias jornadas, em contato inevitavelmente amplo com os moradores daquela zona que cruzaram pela primeira vez, e a óbvia certeza de que o Exército os deveria interceptar nalgum ponto, era sem dúvida perigoso. Mas Che, plenamente consciente disso, decidiu correr o risco para ajudar o médico que vinha em muito mau estado físico.

No dia anterior à emboscada, escreve: "Chegamos a Pujio, mas ali havia gente que nos tinha visto abaixo no dia anterior, vale dizer: estamos sendo previstos pela Rádio Bemba..."[1] "Marchar em lombo de burro torna-se perigoso, mas cuido que o médico passe o melhor possível, pois vem muito débil".

No dia seguinte, escreveu: "Às 13 saiu a vanguarda para tratar de chegar a Jaguey e ali tomar uma decisão sobre as mulas e o médico". Quer dizer, procurava uma solução para o enfermo, a fim de abandonar aquele caminho e tomar as precauções necessárias. Mas naquela mesma tarde, antes que a vanguarda chegasse a Jaguey, produziu-se a emboscada fatal que levou o destacamento a uma situação insustentável.

Dias depois, cercado na quebrada de Yuro, travou seu último combate.

Impressiona profundamente a proeza realizada por esse punhado de revolucionários. Só a luta contra a natureza hostil constitui uma insuperável página de

....

[1] Rádio Bemba: expressão popular cubana que significa a divulgação de rumores de pessoa a pessoa. (NE)

heroísmo. Nunca na História um número tão reduzido de homens empreendeu uma tarefa tão gigantesca. A fé e a convicção absoluta de que a imensa capacidade revolucionária dos povos da América Latina podia ser despertada, a confiança em si mesmo e a decisão com que se entregaram a esse objetivo dão-nos a justa dimensão desses homens.

Che disse, um dia, aos guerrilheiros na Bolívia: "Este tipo de luta dá-nos a oportunidade de nos convertermos em revolucionários, o escalão mais alto da espécie humana, mas também nos permite graduar-nos como homens; os que não podem alcançar nenhum desses dois estágios, devem dizê-lo e deixar a luta".

Os que com ele lutaram até o final se tornaram credores desses honrosos qualificativos. Eles simbolizam o tipo de revolucionários e de homens aos quais, nesta hora, a história convoca para uma tarefa verdadeiramente dura e difícil: a transformação revolucionária da América Latina.

O inimigo que enfrentaram nos próceres da primeira luta pela independência era um poder colonial decadente. Os revolucionários de hoje têm como inimigo o baluarte mais poderoso do campo imperialista, equipado com a técnica e a indústria mais modernas. Esse inimigo não só organizou e equipou de novo um exército na Bolívia, onde o povo tinha destruído a anterior força militar repressiva, e lhe ofereceu imediatamente o auxílio de suas armas e assistentes militares para a luta contra a guerrilha, mas também traz sua contribuição militar e técnica na mesma medida a todas as forças repressivas deste continente. E, quando não bastam essas medidas, intervém diretamente com suas tropas, como fez em São Domingos.

Para lutar contra esse inimigo requer-se o tipo de revolucionários e de homens de que falou Che. Sem esse tipo de revolucionários e de homens, dispostos a fazer o que eles fizeram; sem o ânimo de enfrentar enormes obstáculos que eles tiveram; sem a decisão de morrer, que os acompanhou em todos os instantes; sem a convicção profunda da justiça de sua causa e a fé inabalável na força invencível dos povos que abrigavam, diante de um poder como o imperialismo ianque, cujos recursos militares, técnicos e econômicos se fazem sentir em todo o mundo, a libertação dos povos deste continente não será alcançada.

O próprio povo norte-americano, que começa a tomar consciência de que a monstruosa superestrutura política que rege seu país já não é há muito tempo a idílica república burguesa que seus fundadores estabeleceram há quase duzentos anos, está sofrendo em grau cada vez mais alto a barbárie moral de um sistema irracional, alienante, desumanizado e brutal, que exige do povo norte-americano cada vez mais vítimas nas suas guerras agressivas, seus crimes políticos, suas aberrações raciais, sua mesquinha hierarquização do ser humano e o repugnante desperdício de recursos econômicos, científicos e humanos de seu desmesurado aparato militar, reacionário e repressivo, num mundo cujas três quartas partes são subdesenvolvidas e famintas.

Mas só a transformação revolucionária da América Latina permitirá ao povo dos Estados Unidos ajustar suas próprias contas com esse mesmo imperialismo, ao passo e na mesma medida em que da luta crescente do povo norte-americano poderia convertê-lo em aliado decisivo do movimento revolucionário da América Latina.

E se esta parte do hemisfério não sofrer uma profunda transformação revolucionária, a enorme diferença e desequilíbrio que se produziu no princípio deste século entre a pujante nação que se industrializava rapidamente, ao mesmo tempo que marchava pela própria lei da sua dinâmica social e econômica para culminâncias imperiais, e o feixe de países débeis e estagnados, submetidos ao jugo de oligarquias feudais e seus exércitos reacionários, no balcanizado resto do continente americano, será apenas um pálido reflexo não já do enorme desnível atual na sua economia, na ciência e na técnica, mas do espantoso desequilíbrio que, a passos cada vez mais acelerados, em vinte anos mais, a superestrutura imperialista imporá aos povos da América Latina.

Por esse caminho estamos condenados a ser cada vez mais pobres, mais débeis, mais dependentes e mais escravos desse imperialismo. Essa sombria perspectiva afeta em grau igual os povos subdesenvolvidos da África e Ásia.

Se as nações industrializadas e instruídas da Europa, com seu Mercado Comum e suas instituições científicas supranacionais, inquietam-se ante as possibilidades de ficarem atrasadas e contemplam com temor a perspectiva de se converterem em colônias econômicas de imperialismo ianque – o que oferece o futuro aos povos da América Latina?

Se diante dessa situação real e inquestionável, que afeta decisivamente o destino dos nossos povos, algum liberal ou reformista burguês, ou pseudorrevolucionário charlatão, incapaz de ação, tem uma resposta que não seja uma profunda e urgente transformação revolucionária que possa somar todas as forças morais, materiais e humanas desta parte do mundo para lançá-las para a frente, para recuperar o atraso econômico e técnico-científico de séculos, cada vez maior em relação ao mundo industrializado do qual somos e seremos cada vez mais tributários, e em especial dos Estados Unidos; e além da fórmula, o caminho mágico para levá-la à prática, diferente da concebida por Che, que barra oligarquias, déspotas, politicastros, isto é: criados, e aos monopólios ianques, isto é: senhores, e o faça com toda a urgência que as circunstâncias requerem, que levante então a mão para impugnar Che.

Como realmente nenhum tem resposta honrada nem ação consequente que implique uma esperança real aos quase 300 milhões de seres humanos que compõem a população da América Latina, desoladamente pobres em sua esmagadora maioria, que serão 600 milhões dentro de uns 25 anos, e que têm direito à vida material, à cultura e à civilização, então o mais decoroso seria o silêncio ante o gesto de Che e os que com ele caíram defendendo suas ideias com coragem, porque a façanha que esse punhado de homens realizou, guiados pelo nobre ideal de redimir um continente, ficará como a prova mais alta do que podem a vontade, o heroísmo e grandeza humanas. Exemplo que iluminará as consciências e presidirá à luta dos povos da América Latina, porque o grito heroico de Che chegará ao ouvido receptivo dos pobres e explorados pelos quais ele deu a vida, e muitos braços se estenderão para empunhar as armas e conquistar a sua definitiva libertação.

A 7 de outubro escreveu Che as suas últimas linhas. No dia seguinte, às 13 horas, em uma estreita quebrada, onde se propunha passar a noite para romper o cerco, numerosa tropa inimiga estabeleceu contato com eles. O reduzido grupo de homens que compunham o destacamento nessa data combateu heroicamente até ao anoitecer desde posições individuais localizadas no leito da quebrada e nos bordos superiores da mesma contra a massa de soldados que os cercavam e atacavam. Não há nenhum sobrevivente dos que combateram nas posições mais próximas de Che. Como junto a ele estavam o médico, cujo grave estado de saúde foi assinalado antes, e um guerrilheiro peruano também em muito más condições físicas, tudo parece indicar que Che fez o máximo para proteger a retirada desses companheiros para lugar mais seguro, até cair ferido. O médico não foi morto nesse mesmo combate, mas dias mais tarde num ponto não distante da quebrada do Yuro. O abrupto do terreno rochoso e irregular tornava muito difícil e às vezes impossível o contato visual dos guerrilheiros entre si. Os que defendiam a posição pela outra entrada da quebrada a várias centenas de metros de Che, entre eles Inti Peredo, resistiram ao ataque até ao escurecer quando conseguiram desligar-se do inimigo e dirigir-se até ao ponto previamente combinado de concentração.

Foi possível precisar que Che combateu ferido até que o cão do seu fuzil M-2 foi destruído por um disparo, inutilizando-o totalmente. A pistola que levava estava sem balas. Essas incríveis circunstâncias explicam que tenham podido capturá-lo vivo. As feridas das pernas impediam-no de caminhar sem ajuda, mas não eram mortais.

Trasladado ao povoado de Higueras, permaneceu com vida cerca de 24 horas. Negou-se a trocar uma só palavra com seus captores, e um oficial embriagado que tentou ofendê-lo recebeu uma bofetada em pleno rosto.

Reunidos em La Paz, Barrientos, Ovando e outros altos chefes militares tomaram friamente a decisão de o assassinar. São conhecidos os detalhes de como procederam para cumprir a aleivosa decisão na escola do povoado de Higueras. O prefeito Miguel Ayoroa e o coronel Andres Selnich, *rangers* treinados pelos ianques, instruíram o subofical Mário Teran para que executasse o assassinato. Quando este, completamente embriagado, penetrou no recinto, Che – que tinha ouvido os disparos com que acabavam de liquidar um guerrilheiro boliviano e outro peruano –, vendo que o verdugo vacilava, disse-lhe com dignidade: "Dispare! Não tenha medo!". Este se retirou e de novo foi necessário que os superiores Ayoroa e Selnich lhe repetissem a ordem, para que a cumprisse, disparando-lhe da cintura para baixo uma rajada de metralhadora. Já tinha sido dada a versão de que Che tinha morrido várias horas depois do combate e, por isso, os executores tinham instruções de não disparar sobre o peito e a cabeça, para não produzir feridas fulminantes. Isso prolongou cruelmente a agonia de Che, até que um sargento – também ébrio – terminou por o matar com um disparo de pistola no flanco esquerdo. Tal proceder contrasta brutalmente com o respeito de Che, sem nenhuma exceção, para com a vida de numerosos oficiais e soldados do Exército boliviano que fez prisioneiros.

As horas finais de sua existência em poder dos desprezíveis inimigos têm de ter sido muito amargas para ele; mas nenhum homem mais bem preparado do que Che para enfrentar semelhante prova.

A forma pela qual chegou às nossas mãos este *Diário* não pode ser divulgada agora; basta dizer que foi sem remuneração econômica alguma. Contém todas as notas que escreveu de 7 de novembro de 1966, dia em que Che chegou a Nacahuasu, até 7 de outubro de 1967, véspera do combate da quebrada do Yuro. Faltam só umas poucas páginas que não chegaram ao nosso poder, mas que, por corresponderem a datas em que não ocorreram fatos de importância, não alteram em nada o conteúdo deste.

Embora o documento, por si mesmo, não oferecesse a menor dúvida sobre a sua autenticidade, todas as cópias fotocopiadas foram submetidas a um rigoroso exame a fim de comprovar não só sua autenticidade, mas também qualquer possível alteração, por pequena que fosse. Além disso, os dados foram cotejados com o diário de um dos guerrilheiros sobreviventes, coincidindo, ambos os documentos, em todos os aspectos. O testemunho pormenorizado dos demais guerrilheiros sobreviventes, que presenciaram cada um dos acontecimentos, contribuiu da mesma forma, para a comprovação. Chegou-se à mais absoluta certeza de que todas as fotografias eram cópia fiel do *Diário* de Che.

Constituiu fatigante tarefa deslindar a letra, pequena e difícil, do escrito, o que se realizou com a participação laboriosa de sua companheira Aleida March Guevara.

O *Diário* será publicado com aproximada simultaneidade na França, por François Maspero; Itália, Editorial Feltrinelli; RFA, Trikont Verlag; Estados Unidos, revista *Ramparts*; França, em espanhol, Ediciones Ruedo Ibérico; México, Editorial Siglo XXI; Chile, revista *Punto Final*, e em outros países.

Até a vitória sempre!

FIDEL CASTRO

CAPÍTULO 2

7 de novembro

Começa hoje uma nova etapa. Chegamos pela noite à fazenda. A viagem foi bastante boa. Logo que entramos, convenientemente disfarçados, por Cochabamba, Pachungo e eu estabelecemos os contatos e viajamos de jipe, em dois dias e dois veículos. Ao chegarmos perto da fazenda detivemos os jipes e só um deles se acercou para não atrair as suspeitas de um proprietário vizinho, que murmura sobre a possibilidade de que nossa empresa se dedique ao fabrico de cocaína. Como dado curioso, o inefável Tumaini é apontado como o químico do grupo. Ao seguir rumo à fazenda, na segunda viagem, *Bigotes*, que acabava de se inteirar da minha identidade, quase enfia por um precipício, deixando o jipe varado à beira de um barranco. Caminhamos uns 20 quilômetros, chegando à fazenda – onde há três trabalhadores do partido – já passava da meia-noite. *Bigotes* mostrou-se disposto a colaborar conosco, faça o partido o que fizer, mas revela-se leal a Monje, a quem respeita e parece estimar. Segundo ele, Rodolfo está na mesma disposição e outro tanto sucede com *El Coco*, mas é preciso conseguir que o partido se decida a lutar. Pedi-lhe que não informasse coisa alguma ao partido até a chegada de Monje, que está viajando para a Bulgária e nos ajudará quando regressar; concordou com ambas as coisas.

8

Passamos o dia no canavial, a uns escassos 100 metros da casa e perto de um riacho. Levamos uma batida de uma espécie de *yaguasa*, insetos muito incômodos mas que não picam. As espécies que encontramos até agora são: a mosca *yaguasa*, a formiga jejá, o mairgui, o mosquito e o carrapato. *Bigotes* conseguiu safar o jipe com a ajuda de Argañaraz e ficou de lhe comprar algumas coisas, como porcos e galinhas.

Pensava escrever informando as peripécias, mas deixei-o para a próxima semana, quando recebermos o segundo grupo.

9

Dia sem novidades. Na companhia de Tumaini fizemos uma exploração, seguindo o curso do rio Nacahuasu (um riacho, na realidade), mas não atinjimos seu manancial. Corre apertado entre margens alcantiladas e a região, aparentemente, é pouco frequentada. Com uma disciplina adequada será possível permanecer aqui muito tempo.

Pela tarde, uma forte chuva nos obrigou a sair do canavial, procurando abrigo na casa. Tirei seis carrapatos do corpo.

10

Pachungo e Pombo saíram em exploração com um dos companheiros bolivianos. Chegaram um pouco mais longe que nós e encontraram a bifurcação do riacho, uma pequena quebrada que parece estar em boas condições. No regresso, ficaram de vigia e o motorista de Argañaraz, que vinha trazer os homens com algumas compras que lhe tinham feito, viu-os. Dei-lhes uma tremenda repreensão e decidimos nos transferir de manhã para o canavial, onde faremos nosso acampamento permanente. Tumaini deixar-se-á ver, porque já o conhecem, e passará por mais um empregado da fazenda. A situação piora rapidamente; é imprescindível que pelo menos nos deixem trazer os nossos homens. Com eles estarei tranquilo.

11

Dia sem novidades. Passamo-lo num novo acampamento, do outro lado da casa, onde dormimos. A praga está infernal e obrigando-nos a nos proteger na rede com mosquiteiro (que só eu tenho).

Tumaini foi visitar Argañaraz, de quem comprou algumas coisas: galinhas, perus. Ao que parece, por enquanto, não há grandes suspeitas por sua parte.

12

Dia sem nenhuma novidade. Fizemos uma breve exploração para preparar o terreno destinado ao acampamento quando chegarem os seis do segundo grupo. A zona escolhida está a uns 100 metros do princípio do túnel, sobre um cômoro e perto existe uma ravina em que se podem fazer covas para guardar comida e outros objetos. Nesta altura, deve estar chegando o primeiro dos três grupos em que, dois a dois, se divide o envio. No final desta semana devem chegar à fazenda. O meu cabelo está crescendo, embora muito ralo, e as cãs ficam louras e começam a desaparecer; nasce-me a barba. Dentro de um par de meses voltarei a ser eu.

13

Passaram alguns caçadores perto da nossa morada; peões de Argañaraz. São montanheses, jovens e solteiros: ideais para serem recrutados e que têm um ódio latente a seu patrão. Informaram que a oito léguas, pelo rio, há casas e que estas têm algumas quebradas com água. Não há outras novidades.

14

Dia sem novidades. O valegrandino passou pela casa, para ver a armadilha, pois a armara ontem, ao contrário do que dissera antes. Indicou-se a Antonio o caminho aberto no monte, a fim de que leve por ele o valegrandino, para evitar suspeitas.

15

Prosseguimos com a tarefa do túnel; pela manhã, Pombo e Pachungo, de tarde Tumaini e eu. Às 6, quando deixamos o trabalho, o túnel já atingira dois metros de profundidade. Pensamos terminá-lo amanhã e nele metermos todas as coisas comprometedoras. À noite, a chuva obrigou-me a fugir da rede, que se molha, pois o náilon que a cobre é curto. Não houve outras novidades.

16

Concluímos e camuflamos o túnel; só falta dissimular o caminho; mudaremos as coisas para o nosso abrigo e amanhã as guardaremos, tapando a boca com uma treliça de paus e barro. O esquema desse túnel, que recebeu o número 1, está no documento 1. Quanto ao mais, sem novidades. A partir de amanhã podemos, razoavelmente, esperar novidades de La Paz.

17

O túnel ficou ocupado com as coisas que poderiam ser comprometedoras para a gente da casa e alguns mantimentos enlatados. Está muito bem camuflado. Não houve novidades de Laz Paz. Os moços da casa falaram com Argañaraz, de quem compraram algumas coisas, e este voltou a insistir em sua participação na fábrica de cocaína.

18

Sem notícias de Laz Paz. Pachungo e Pombo voltaram a explorar o córrego, mas não estão muito convencidos de que seja o local indicado para o acampamento. Na segunda-feira iremos explorá-lo com Tumaini. Argañaraz veio arranjar o caminho para retirar pedras do rio e esteve um bom tempo entregue a esse trabalho. Ao que parece, não suspeita de nossa presença aqui. Tudo corre monotonamente; os mosquitos e os carrapatos começam a criar chagas incômodas nas picadas infeccionadas. De madrugada, o frio faz-se sentir um pouco.

19

Sem notícias de La Paz. Sem novidades por aqui; passamos o sábado recolhidos, por ser o dia em que os caçadores cruzam estas paragens.

20

Ao meio-dia chegaram Marcos e Rolando. Agora somos seis. Procedeu-se em seguida ao relato dos episódios da viagem. Tardaram tanto porque o aviso só lhes chegou há uma semana. São os que viajaram mais depressa via São Paulo. Até a próxima semana não é de esperar a chegada dos outros quatro. Com eles veio Rodolfo, que me causou muito boa impressão. Segundo parece, está mais decidido do que *Bigotes* a romper com tudo. Papi informou-o da minha presença, assim como a *El Coco*, violando as instruções; parece tratar-se de uma questão de ciúmes de autoridade. Escrevi a Manila com algumas recomendações (documentos 1 e 11) e a Papi, respondendo às suas perguntas. Rodolfo regressou de madrugada.

21

Primeiro dia com o grupo todo. Choveu muito e a mudança para nosso novo ponto custou-nos uma boa molhadela. Já estamos instalados. A tenda de campanha, afinal, é uma lona de caminhão que deixa passar a água, mas sempre protege alguma coisa. Eu continuo com a minha rede, e seu competente toldo de náilon. Chegaram mais algumas armas; Marcos tem um Garand; a Rolando será entregue um M-1 do depósito. Jorge ficou conosco, mas na casa; aí dirigirá os trabalhos destinados a melhorar a fazenda. Pedi a Rodolfo um agrônomo de confiança. Trataremos de que isso dure o mais possível.

22

Tuma, Jorge e eu fizemos um reconhecimento ao longo do rio (Nacahuasu) para inspecionar o riacho descoberto. Com a chuvada do dia anterior o rio estava irreconhecível e custou-nos muito trabalho chegar ao ponto desejado. Trata-se de um fio de água que tem a desembocadura muito apertada; convenientemente preparado, o local onde pode ser utilizado para um acampamento permanente. Regressamos às 9 e tanto da noite. Aqui sem novidades.

23

Inauguramos um observatório que domina a casa da fazenda para estarmos prevenidos, no caso de alguma inspeção ou visita importuna. Como dois saem de exploração, aos restantes competem três horas de guarda. Pombo e Marcos exploraram o terreno de nosso acampamento até o riacho, que ainda leva muita água.

24

Pacho e Rolando saíram para explorar os arredores do riacho; devem regressar amanhã. Pela noite, chegaram dois peões de Argañaraz (de passeio), numa visita insólita. Nada havia de estranho, mas faltavam Antonio, que estava com os exploradores, e Tuma, que, oficialmente, pertence à casa. Pretexto: uma caçada. Aniversário de Aliucha.

25

Do posto de observação informam que chegou um jipe com dois ou três tripulantes. Era uma brigada do serviço da luta contra o paludismo; partiram assim que recolheram amostras de sangue. Pacho e Rolando chegaram tarde, quase noite. Encontraram o riacho do mapa e exploraram-no; além disso, avançaram pelo curso principal do rio até encontrarem campos abandonados.

26

Por ser sábado, ficamos todos acantonados. Pedi a Jorge que fizesse uma exploração a cavalo pela margem do rio, para ver até onde chegava; o cavalo não estava e ele saiu a pé, para pedir um a *Don* Remberto (20 a 25 quilômetros). Até o cair da noite ainda não regressara. Sem novidades de Laz Paz.

27

Jorge continua sem aparecer. Dei ordem para que se fizessem quartos de sentinela durante a noite, mas às 9 chegou o primeiro jipe de Laz Paz. Com *El Coco* vinham Joaquim e Urbano, na companhia de um boliviano que ficaria: Ernesto, estudante de Medicina. Voltou *El Coco* e trouxe Ricardo, com Braulio e Miguel, e mais outro boliviano, Inti, também para ficar. Agora somos doze homens preparados e Jorge, que se finge de dono; *El Coco* e Rodolfo encarregam-se do contato entre os da casa e os acampados no Mato. Ricardo trouxe uma notícia incômoda: *El Chino* está na Bolívia, quer mandar vinte homens e ver-me. Isso traz inconvenientes, porque internacionalizaremos a luta antes de contar com Estanislao. Decidimos que o enviaríamos a Santa Cruz, onde *El Coco* o recolheria, trazendo-o aqui. *El Coco* partiu de madrugada com Ricardo, que tomaria o outro jipe para seguir a La Paz. *El Coco* deve passar pela casa de Remberto para averiguar o que aconteceu com Jorge. Numa conversa preliminar com Inti, este opina que Estanislao não se juntará a eles, embora pareça decidido a cortar amarras.

28

Pela manhã Jorge ainda não tinha aparecido e *El Coco* também não regressara. Chegaram mais tarde e tudo o que lhes aconteceu foi que ficaram na casa de Remberto. Um pouco irresponsável. À tarde convoquei o grupo boliviano para lhes apresentar o pedido peruano de envio de vinte homens e todos manifestaram o seu acordo para que os mandassem, mas só depois de iniciadas as ações.

29

Saímos com o intuito de fazer o levantamento do rio e explorar o riacho que será nosso próximo acampamento. Tumaini, Urbano, Inti e eu formamos o grupo. O riacho é muito seguro, mas muito lúgubre. Procuraremos um outro que fica a uma hora daqui. Tumaini caiu e, aparentemente, sofreu fratura do tarso. Chegamos ao acampamento à noite, assim que terminamos a medição do rio. Aqui, sem novidades; *El Coco* saiu para Santa Cruz, a fim de esperar *El Chino*.

30

Marcos, Pacho, Miguel e Pombo saíram com instruções para explorar um riacho mais perto; devem ficar dois dias fora. Choveu bastante. Na casa, sem novidades.

ANÁLISE DO MÊS

Tudo se passou muito bem: minha chegada sem inconvenientes; metade do pessoal também aqui se encontra sem percalços, embora tenha demorado um pouco; os principais colaboradores de Ricardo vieram para cá sem querer saber de obstáculos. O panorama afigura-se-me bom nesta região afastada, onde tudo indica que poderemos passar praticamente todo o tempo que julguemos conveniente. Os planos são: esperar o restante das pessoas, aumentar o número de bolivianos, pelo menos até vinte, e dar início às operações. Falta averiguar a reação de Monje e como se comportará o pessoal de Moisés Guevara.

CAPÍTULO 3

Dezembro

1

O DIA PASSOU SEM NOVIDADES. À noite chegaram Marcos e seus companheiros, os quais cobriram um percurso maior do que o especificado, percorrendo montes. Às 2 da manhã vieram informar-me que chegou *El Coco* havia chegado com um companheiro. Deixo para amanhã.

2

El Chino chegou muito cedo e muito efusivo. Passamos o dia conversando. Quanto ao que importa: irá a Cuba para informar pessoalmente a situação; dentro de dois meses poderão incorporar-se cinco peruanos, quer dizer, quando tivermos começado a agir; por agora virão dois, um técnico de rádio e um médico, que ficarão algum tempo conosco. Pediu armas e acedi em dar-lhe uma Bz, algumas Mausers e granadas, e comprar um M-1. Também decidi dar-lhes apoio para que enviassem cinco peruanos a fim de estabelecer a ligação para a passagem de armas através de uma região vizinha de Puno, do outro lado do Titicaca. Contou-me seus problemas no Peru, inclusive um audacioso plano para libertar Calixto, mas que me pareceu um pouco fantasioso. Crê que alguns sobreviventes da guerrilha estão operando na zona, mas não sabe ao certo, pois não conseguiram chegar até essa zona. O resto da conversa foi divertido. Despediu-se com o mesmo entusiasmo, partindo para La Paz; levou fotos nossas. *El Coco* tem instruções para preparar contatos com Sanchez (a quem verei posteriormente) e de entrar em contato com o chefe de informações da Presidência, que se ofereceu para dá-las, pois é cunhado de Inti. A rede, porém, ainda está no começo.

3
Sem novidade. Não há exploração por ser sábado. Os três peões da fazenda saíram para Lagunillas, para dar recados.

4
Sem novidade. Todos quietos por ser domingo. Faço uma palestra sobre a nossa atitude em relação aos bolivianos que virão e em relação à guerra.

5
Sem novidade. Pensávamos em sair, mas o dia foi de água de manhã à noite. Houve um ligeiro alarme, motivado por uns tiros de *El Loro*, sem avisar.

6
Saímos para começar a segunda cova no primeiro riacho. Apolinar, Inti, Urbano, Miguel e eu. Miguel veio no lugar de Tuma, que ainda não se recompôs da queda. Apolinar declarou que se incorpora à guerrilha, mas quer ir a La Paz resolver assuntos particulares; responde-se-lhe que sim, mas que devia esperar algum tempo. Por volta das 11 chegamos ao riacho, abrimos uma trilha dissimulada e exploramos os arredores, em busca de um local adequado para a cova, mas tudo é pedra e o riacho, quando seca, deixa um leito de cascalho e pedra dura. Adiamos a exploração para amanhã. Inti e Urbano afastaram-se para caçar gamos, pois a comida já é muito escassa e temos de aguentar até sexta-feira.

7
Miguel e Apolinar localizaram um lugar propício e dedicaram-se a abrir o túnel; as ferramentas são ineficientes. Inti e Urbano voltaram sem ter caçado coisa alguma, mas, ao anoitecer, Urbano caçou um peru com o M-1; como já tínhamos comida, deixamos a ave para o desjejum de amanhã. Hoje cumpre-se, na realidade, o primeiro mês de nossa estada aqui, mas, por razões de comodidade, darei as sínteses todos os finais de mês.

8
Com Inti, avançamos até um terreno que coroa o riacho; Miguel e Urbano continuaram a trabalhar no poço.

À tarde, Apolinar substituiu Miguel. Ao anoitecer, chegaram Marcos, Pombo e Pacho, este muito atrasado e cansado. Marcos pediu-me que o retirasse da vanguarda se não melhorasse. Marquei o caminho da cova que está no esquema 11. Indiquei-lhes as tarefas mais importantes para fazer durante sua estada. Miguel ficará com eles e nós regressaremos amanhã.

9

Regressamos lentamente pela manhã, chegando cerca das 12. Pacho recebeu ordem para ficar, quando o grupo voltasse. Procuramos estabelecer contato com o acampamento 2, mas não foi possível. Não houve outras novidades.

10

O dia transcorreu sem novidades, salvo a primeira fornada de pão feito em casa. Conversei com Jorge e Inti sobre algumas tarefas urgentes. Não houve notícias de La Paz.

11

O dia correu sem novidades, mas à noite apareceu *El Coco*, na companhia de Papi. Traziam Alejandro, Arturo e um boliviano, Carlos. O outro jipe, como é costume, ficou pelo caminho. Depois trouxeram *El Medico*, Moro e Benigno, e mais dois bolivianos; ambos eram "cambas" (oriundos da região oriental da Bolívia) e trabalhavam na fazenda de Caranavi. A noite decorreu no meio dos habituais comentários de viagens e sobre a ausência de Antonio e Félix, que já deviam estar aqui. Discutiu-se com Papi, resolvendo-se que ainda teria de fazer duas viagens para trazer Renán e Tânia. Serão liquidados as casas e os depósitos, dando-se $ 1.000 a Sanchez. Este ficará com a camioneta e venderemos um jipe a Tânia, guardando o outro. Falta fazer uma viagem de armas e dei-lhe ordem de que carregasse tudo num jipe para não insistir no transbordo, que pode ser descoberto mais depressa. *El Chino* já partiu para Cuba, aparentemente muito entusiasmado, e pensa voltar para cá quando estiver de regresso. *El Coco* ficou aqui para ir buscar mantimentos em Camiri e Papi saiu para La Paz. Ocorreu um acidente perigoso: o valegrandino, caçador, descobriu uma pegada feita por nós, ao que parece viu alguns de nós e encontrou uma luva perdida por Pombo. Isso altera os nossos planos e devemos ser extremamente cautelosos. O valegrandino sairá amanhã com Antonio para lhe mostrar onde colocou as armadilhas contra os tapires. Inti manifestou-me suas reservas contra o estudante Carlos, que, ao chegar, já discutiu sobre a participação cubana e disse não aderir ao levante sem a participação do partido. Rodolfo mandou-o calar e disse que tudo se devia a uma má interpretação.

12

Falei a todo o grupo, "lendo-lhe a cartilha" sobre a realidade da guerra. Insisti na unicidade de comando e na disciplina, e adverti os bolivianos da responsabilidade que lhes cabia se violassem a disciplina do partido para adotar outra linha. Fiz as nomeações que recaíram em: Joaquim, como segundo chefe militar; Rolando e Inti, como comissários; Alejandro, chefe de operações; Pombo, de serviços; Inti, finanças; Nato, abastecimentos e armamentos; por ora, Moro, dos serviços médicos.

Rolando e Braulio saíram para avisar o grupo que ficasse quieto ali, esperando que o valegrandino pusesse as armadilhas ou fizesse a exploração com Antonio. À noite voltaram; a armadilha não está muito longe. Embebedaram o valegrandino, que partiu ao cair da noite muito feliz com uma garrafa de singani no corpo. *El Coco* regressou de Caranavi, onde comprou os mantimentos necessários, mas foi visto por alguns de Lagunillas, que se espantaram com a quantidade. Mais tarde Marcos chegou, na companhia de Pombo. O primeiro sofreu um golpe na sobrancelha, quando cortava um pau; levou dois pontos.

13

Saíram Joaquim, Carlos e *El Medico*, para se unirem a Rolando e Braulio. Pombo acompanhava-os com a missão de regressar hoje mesmo. Mandei tapar o caminho e fazer outro que, saindo desse, desembocasse no rio, com tanto êxito que Pombo, Miguel e Pacho se perderam ao regressar e seguiram por ele. Falamos com Apolinar, que irá uns dias para sua casa, em Viacha; demos-lhe dinheiro para sua família e recomendamos-lhes absoluto segredo. *El Coco* despediu-se ao anoitecer, mas, às 3 da manhã, foi dado o alarme, porque se ouviram assobios e ruídos, e a cadela ladrou. Resultado: ele próprio perdera-se num monte.

14

Dia sem novidade. O valegrandino passou pela casa para ver a armadilha.

15

Sem novidade. Tomaram-se as disposições para sair (oito homens) e instalar definitivamente o acampamento 2.

16

Saímos, de manhã cedo, Pombo, Urbano, Tuma, Alejandro, Moro, Arturo, Inti e eu para ficar; fortemente carregados. O percurso foi feito em três horas. Rolando ficou conosco e Joaquim, Braulio, Carlos e *El Medico* regressaram. Carlos tem-se mostrado bom caminheiro e um bom trabalhador, Moro e Tuma descobriram um pego no rio com peixes bastante grandes e apanharam dezessete, o que deu para uma boa refeição; Moro feriu-se na mão com um bagre. Procuramos lugar para fazer a cova secundária, já que a primeira está concluída, e as atividades foram suspensasa até amanhã. O próprio Moro e Inti trataram de caçar tapires e saíram para passar a noite de vigia.

17

Moro e Inti só caçaram um peru. Tuma, Rolando e eu nos empenhamos em abrir a cova secundária, que pode ficar pronta amanhã. Arturo e Pombo exploraram um local para instalar o posto de rádio e depois dedicaram-se a arrumar o caminho de entrada, que se encontra em mau estado. À noite começou a chover e o mau tempo continuou até de manhã.

18

O dia continuou chuvoso, mas deu-se seguimento à cova, de que já falta pouco para atingir os 2,5 metros requeridos. Inspecionamos uma colina para instalar o posto de rádio. Parece muito boa, mas as provas o dirão.

19

O dia também foi chuvoso e não convidava à caminhada mas, por volta das 11, chegaram Braulio e *El Nato* com notícias de que pelo rio ainda se passava, embora tivesse engrossado. Ao sairmos, encontramos com Marcos e sua vanguarda, que vinham instalar-se. Ele ficará com o comando e ordenamos que ele enviasse três a cinco homens, segundo as possibilidades. Fizemos a caminhada em pouco mais de três horas. À noite, por volta das 12, chegaram Ricardo e *El Coco* trazendo com eles Antonio e *El Rubio* (não conseguiram passagem na quinta-feira anterior), bem como Apolinar, que veio incorporar-se definitivamente. Também chegou Ivan para tratar de uma série de assuntos. Praticamente passamos a noite em claro.

20

Prosseguiu a discussão de vários pontos e estávamos colocando tudo em ordem, quando apareceu o grupo do acampamento 2, dirigido por Alejandro, com a notícia de que estava no caminho, perto do acampamento, um veado morto por um tiro, com uma fita na pata. Joaquim passara havia uma hora pelo local e nada dissera. Supôs-se que o valegrandino o tivesse levado até ali e, por alguma razão desconhecida, o abandonasse, fugindo.

Colocamos um guarda à retaguarda e enviamos dois homens para que apanhassem o caçador, se ele aparecesse. Daí a pouco chegou a notícia de que o veado já estava morto há muito tempo, a carne meio putrefata, e depois Joaquim, de regresso, confirmou que realmente tinha visto o animal. *El Coco* e *El Loro* trouxeram o valegrandino para que visse o veado e ele confirmou que se tratava de um animal ferido por ele dias atrás. Assim, deu-se por encerrado o incidente.

Resolvemos aperfeiçoar os contatos com o homem da Informação que *El Coco* tem descurado e falar com Megía, para que sirva de ligação entre Ivan e o homem da Informação. Este manterá relações com Megía, Sanchez, Tânia e o do partido, que não foi nomeado. Há a possibilidade de que seja um de Villamontes, mas falta concretizar. Recebemos um telegrama de Manila, indicando que Monje vem pelo sul. Inventaram um sistema de contatos, mas não me satisfaz, porque indica uma clara desconfiança em relação a Monje, por parte de seus próprios companheiros. À 1 da madrugada informarão de La Paz se já foram buscar Monje.

Ivan tem possibilidade de fazer negócios, mas o passaporte, grosseiramente feito, não lhe permite; o passo seguinte é melhorar o documento e escrever a Manila para que o aperfeiçoem com os amigos.

Tânia virá na próxima semana para receber instruções. Talvez a mande a Buenos Aires. Em definitivo, resolve-se que Ricardo, Ivan e *El Coco* partam de avião, a partir de Camiri, e que o jipe fique conosco. Assim que regressarem, telefonarão a Lagunillas, informando que chegaram ali; Jorge irá de noite para receber notícias e procurá-los, se houver algo de positivo. À 1, nada se pode captar de La Paz. De madrugada saíram para Camiri.

21

El Loro não me deixou os planos que o explorador fizera, de modo que fiquei sem saber que espécie de caminho existe até Yaqui. Saímos de manhã, cobrindo o caminho sem contratempos. Providenciaremos para que esteja tudo aqui em 24, dia em que está programada uma festa. Cruzamos com Pacho, Miguel, Benigno e *El Camba*, que iam carregar o posto de rádio. Às cinco da tarde, Pacho e *El Camba* voltaram sem trazer o equipamento, que deixaram escondido no monte, por ser muito pesado. Amanhã sairão daqui cinco homens para trazê-lo. Terminamos a cova dos mantimentos; amanhã começaremos a abrir a do posto de rádio.

22

Começamos a cova para servir de esconderijo ao posto de rádio e a seu operador. No começo, com muito êxito, porque a terra era mole, mas depois encontramos uma rocha duríssima que não nos deixou avançar. Trouxeram o equipamento, que é muito pesado, mas não se fez qualquer experiência, por falta de gasolina. *El Loro* anunciou que não mandava mapas porque a informação era verbal e viria dá-la amanhã.

23

Saímos com Pombo e Alejandro para explorar o terreno à esquerda. Teremos de desbastá-lo, mas a impressão é de que se pode caminhar comodamente por ele. Joaquim chegou com dois companheiros, anunciando que *El Loro* não vinha porque um porco escapara e ele saíra à sua procura. Não há nada do percurso do *lagunillero*. À tarde chegou o porco, muito grande, mas faltam as bebidas. *El Loro* é incapaz até de conseguir essas coisas, revela-se muito desorganizado.

24

Dia dedicado aos preparativos da Noite de Natal. Houve gente que fez duas viagens e chegou tarde, mas, finalmente, nos reunimos todos e passamos a noite bem, apesar de alguns excessos. *El Loro* explicou que a viagem do *lagunillero* resultara infrutífera e se conseguiu apenas o pequeno resultado do esboço, muito impreciso.

25

Regresso ao trabalho. Não houve viagens ao acampamento inicial. Este foi batizado C. 26 por uma proposta do médico boliviano. Marcos, Benigno e *El Camba* saíram para percorrer o caminho, pelo terreno firme à nossa direita; voltaram à tarde com a notícia de que avistaram uma espécie de planície rasa e sem vegetação, a duas horas de caminho; amanhã irão até lá. *El Camba* voltou com febre. Miguel e Pacho fizeram uns caminhos pelo lado esquerdo, por distração, e uma vereda de acesso ao esconderijo do rádio, que está muito difícil de escavar porque o terreno é pedra pura. A retaguarda encarregou-se de instalar seu acampamento e procurar um ponto de atalaia que domine ambos os extremos do rio de acesso; o lugar está muito bom.

26

Inti e Carlos saíram para explorar a um lugar denominado Yaki no mapa; é uma viagem calculada para dois dias. Rolando, Alejandro e Pombo continuaram a trabalhar na cova, que está duríssima. Pacho e eu saímos para inspecionar os caminhos abertos por Miguel, pois não vale a pena seguir pelo firme. O caminho de acesso à cova está bastante bom e difícil de encontrar. Matamos duas víboras hoje e outra ontem; parece que há muitas, Tuma, Arturo, *El Rubio* e Antonio saíram para a caça, ao passo que Braulio e Nato ficaram de vigia no outro acampamento. Trouxeram a notícia de que *El Loro* capotara com o jipe e a nota explicativa em que era anunciada a vinda de Monje. Marcos, Miguel e Benigno saíram para ampliar o caminho seguro e não regressarão esta noite.

27

Saímos com Tuma para encontrar Marcos; caminhamos duas horas e meia até chegar ao manancial de uma quebrada que corre do lado esquerdo, na direção oeste; seguimos as pegadas por esse lado, descendo por grandes barrancos. Pensamos em chegar ao acampamento por esse percurso, mas era mais longe do que julgamos. Já passava das 5 da tarde quando atingimos Nacahuasu, uns 5 quilômetros abaixo do acampamento 1 e, finalmente, às 7 chegamos ao acampamento. Aí ficamos sabendo que Marcos passara ali a noite anterior. Não mandei ninguém avisar, pois supunha que Marcos os tivesse orientado sobre o meu possível trajeto. Vimos o jipe muito danificado; *El Loro* fora a Camari buscar algumas peças. Segundo *El Nato, ele* adormecera ao volante.

28

Quando saíamos para o acampamento, Urbano e Antonio apareceram à minha procura. Marcos acompanhara Miguel para abrir um caminho até o acampamento, pelo terreno firme, e não tinha voltado; Benigno e Pombo saíram procurando-me pelo caminho que nós tínhamos seguido. Quando cheguei ao acampamento encontrei com Marcos e Miguel, que tinham dormido pelo caminho, sem poder chegar ao acampamento, e aquele se queixou da forma como tinham sido tratados. Segundo parece, a queixa era contra Joaquim. Alejandro e *El Medico*, Inti e Carlos tinham regressado sem encontrar nenhuma casa habitada; apenas uma abandonada que, presumivelmente, não é o ponto marcado como Yaki no mapa.

29

Com Marcos, Miguel e Alejandro, subimos à colina pelada para apreciar melhor a situação. Parece ser a Pampa del Tigre que aí começa; é uma cordilheira de altura uniforme e vertentes escalvadas, situada a uns 1.500 metros de altitude. O firme da esquerda deve ser posto de lado, porque faz um arco na direção de

Nacahuasu. Descemos e chegamos ao acampamento às 1h20. Mandamos oito homens buscar mercadorias, mas eles não trouxeram tudo. *El Rublo* e *El Medico* substituirão Braulio e Nato. Aquele abriu um novo caminho antes de vir; o dito caminho sai do rio, numas pedras, e entra-se no monte do outro lado, por outras pedras, com o que não se deixa qualquer rasto. Não se trabalhou na cova. *El Loro* partiu para Camari.

30

Apesar da chuva que caiu e que fizera crescer o rio, quatro homens foram apanhar as coisas restantes do acampamento 1; já ficou limpo. Não havia novidades de fora. Seis homens foram à cova e, em duas viagens, guardaram tudo o que estava destinado a esse esconderijo. O forno não pode ser terminado porque o barro ainda estava mole.

31

Às 7h30 chegou *El Medico* com a notícia de que Monje viera me ver. Fui ao seu encontro com Inti, Tuma, Urbano e Arturo. A recepção foi cordial, mas algo tensa. Pairava no ambiente a pergunta: "Por que veio?". Acompanhava-o *Pan Divino*, o novo recruta, Tânia, que vem receber as instruções, e Ricardo, que ficará.

A conversa com Monje iniciou-se com generalidades, mas logo se impuseram as questões fundamentais, que se resumem a três condições básicas:

1ª) ele renunciaria à direção do partido, mas conseguiria deste, pelo menos, a neutralidade e obteria quadros para a luta;
2ª) ele seria responsável pela direção político-militar da luta enquanto a revolução tivesse um âmbito boliviano; e
3ª) ele seria responsável pelas relações com outros partidos sul-americanos, empenhando-se em obter deles uma posição de apoio aos movimentos de libertação (citou Douglas Bravo como exemplo).

Respondi-lhe que o primeiro ponto ficava a seu critério, como secretário do partido, embora eu considerasse sua posição um tremendo erro. Era vacilante e oportunista, e protegia o nome histórico daqueles que deviam ser condenados por sua posição falha. O tempo me daria razão. Sobre o terceiro ponto, não via inconveniente em que se ocupasse disso, mas estava condenado ao fracasso. Pedir a Codovila que apoiasse Douglas Bravo era o mesmo que lhe pedir para apoiar uma rebelião dentro do seu partido. O tempo também seria o juiz.

Quanto ao segundo ponto, não podia aceitá-lo de maneira alguma. O chefe militar seria eu e não aceitava ambiguidades a tal respeito. Aqui a discussão entrou num impasse e acabou num círculo vicioso.

Concordamos que ele pensaria sobre o caso e falaria com os companheiros bolivianos. Transferimo-nos para o acampamento novo e aí falou a todos, pondo-lhes a alternativa de ficarem ou apoiarem o partido; todos quiseram ficar e parece que isso o magoou. Às 12 fizemos um brinde em que se assinalou a importância histórica da data. Eu respondi, me aproveitando das suas palavras, e, sublinhando esse momento como o novo Grito de Murillo da revolução continental, disse que nossas vidas nada significavam ante a realidade concreta da revolução.

ANÁLISE DO MÊS

Completou-se o grupo de cubanos com todo o êxito; o moral da gente é bom e só há alguns problemas secundários. Os bolivianos estão bem, embora sejam poucos. A atitude de Monje pode atrasar o desenvolvimento, por um lado, mas contribuir, por outro, para me desvencilhar de compromissos políticos. Os próximos passos, além de esperar a adesão de mais bolivianos, consistem em falar com Moisés Guevara e com os argentinos Maurício e Jozami (Massetti e o partido dissidente).

CAPÍTULO 4

Janeiro

1

PELA MANHÃ, SEM DISCUTIR COMIGO, Monje disse que se retirava e apresentaria sua renúncia à direção do partido no dia 8. Sua missão terminara, segundo ele.

Despediu-se com o ar de quem se dirigia ao patíbulo. A minha impressão é que, ao saber por *El Coco* da minha decisão de não transigir nas questões estratégicas, agarrou-se a esse ponto para forçar o rompimento, pois seus argumentos eram inconsistentes. À tarde, reuni todos e expliquei-lhes a atitude de Monje, anunciando que realizaríamos a unidade de quantos quisessem fazer a revolução; vaticinei momentos difíceis e dias de angústia moral para os bolivianos; procuraríamos solucionar os problemas deles mediante discussão coletiva ou com os comissários. Dei os pormenores da viagem de Tânia à Argentina para se avistar com Maurício e Jozami e solicitar a eles que se apresentassem aqui. Sanchez foi instruído sobre as suas tarefas e resolvemos por enquanto deixar Rodolfo, Loyola e Humberto em La Paz. Em Camiri, uma irmã de Loyola e em Santa Cruz, Calvimonte. Mito viajará para a zona de Sucre, a fim de estudar onde se poderia instalar. A irmã de Loyola será a encarregada do controle financeiro e enviaram-lhe 80 mil, dos quais 20 mil para a compra de um caminhão, que deverá ser feita por Calvimonte. Sanchez entrará em contato com Moisés Guevara para uma entrevista pessoal. *El Coco* irá a Santa Cruz para se encontrar com um irmão de Carlos e encarregar-se de receber três que estão chegando de Havana. Escrevi a Fidel a mensagem do documento CZO Nº 2.

2

Passamos a manhã às voltas com o código da carta. Sanchez, *El Coco* e Tânia saíram à tarde, assim que terminou o discurso de Fidel, o qual se referiu a mim em termos que me tornam ainda mais devedor, se isso for possível.

No acampamento só trabalhamos na abertura da cova; os demais foram buscar as coisas do primeiro acampamento. Marcos, Miguel e Benigno saíram em exploração meio norte; Inti e Carlos exploraram o Nacahuasu até encontrarem gente, presumivelmente em Yaki; Joaquim e *El Medico* devem explorar o rio Yaki até a nascente ou até encontrarem alguém. Têm todos um prazo máximo de cinco dias para o regresso.

Vieram do acampamento com a notícia de que *El Loro* não voltara logo depois de deixar Monje.

3

Trabalhamos na cova para consolidar o telhado, mas sem o conseguir; amanhã devemos acabar. Só dois homens foram recolher carga e trouxeram a notícia de que toda a gente saíra ontem à noite. O resto dos companheiros dedicou-se a construir um teto para a cozinha; já está pronto.

6

Pela manhã, Marcos, Joaquim, Alejandro, Inti e eu fomos até a colina pelada. Aí tomei a seguinte decisão: Marcos, com *El Camba* e Pacho, trataria de chegar ao Nacahuasu pela direita, sem encontrar gente; Miguel, com Braulio e Aniceto, procurará uma passagem em terreno firme para traçarmos o caminho central; Joaquim, com Benigno e Inti, procurará passagem para o rio Frias, que, segundo o mapa, corre paralelo ao Nacahuasu, do outro lado do terreno firme, que deve ser a Pampa del Tigre. *El Loro* chegou à tarde com duas mulas que comprara por 2 mil pesos; boa compra: os animais são mansos e robustos. Mandei chamar Braulio e Pacho, para que o primeiro pudesse sair amanhã; Carlos e *El Medico* os substituirão. Depois da aula, fiz uma preleção sobre as qualidades que se exigem da guerrilha e a necessidade de maior disciplina; expliquei que nossa missão era, sobretudo, formar o núcleo exemplar, que seja de uma têmpera de aço e, para o conseguir, salientei a grande importância do estudo, imprescindível para o futuro. Seguidamente reuni os responsáveis dos vários serviços, Joaquim, Marcos, Alejandro, Inti, Rolando, Pombo, *El Medico*, Nato e Ricardo. Expliquei por que se escolhera Joaquim como segundo-comandante, devido a alguns erros de Marcos, que se repetiam constantemente; fiz então a crítica da atitude de Joaquim, por causa de seu incidente com Miguel no Ano-Novo e, depois, expliquei algumas das tarefas que é preciso realizar, para melhorar nossa organização. Finalmente, Ricardo contou-me um incidente que tivera com Ivan, na presença de Tânia, tendo trocado insultos, e Ricardo ordenara a Ivan que descesse do jipe. Os incidentes desagradáveis entre companheiros estão prejudicando o trabalho.

7

Os exploradores saíram. A *góndola* (ônibus, na linguagem popular boliviana) compôs-se apenas de Alejandro e Nato, dedicando-se os demais às tarefas internas; carregou-se o gerador e todas as coisas de Arturo, fez-se um reforço do teto e arrumou-se o poço de água, construindo-se uma pequena ponte sobre o riacho.

10

Procedemos à rendição da guarda fixa no velho acampamento; *El Rubio* e Apolinar substituirão Carlos e *El Medico*. O rio continua a levar muita água, embora já esteja baixando. *El Loro* foi a Santa Cruz e ainda não voltou.

Com *El Medico* (Moro), Tuma e Antonio, que deve ficar com o acampamento a seu cargo, subimos até a Pampa del Tigre, onde expliquei a Antonio a sua tarefa para amanhã na exploração do possível riacho situado a oeste do nosso acampamento. Partindo daí, procuramos uma ligação com o antigo caminho de Marcos, o que se conseguiu com relativa facilidade. Ao anoitecer, chegaram seis dos exploradores: Miguel, com Braulio e Aniceto; Joaquim, com Benigno e Inti. Miguel e Braulio conseguiram encontrar uma saída para o rio e foram dar a outra que parece ser a do Nacahuasu. Joaquim conseguiu descer o rio, que deve ser o Frias, e acompanhou um pouco seu curso; parece ser este, afinal, o mesmo seguido pelos do outro grupo de batedores, o que indica que nossos mapas são muito ruins, pois ambos os rios aparecem separados por um maciço e desaguando separadamente no rio Grande. Marcos ainda não voltou.

Recebemos uma mensagem de Havana, anunciando que *El Chino* sai em 12 com *El Medico* e o radioperador, e Rea em 14. Não fala dos nossos outros dois companheiros.

11

Antonio saiu em exploração do riacho vizinho, com Carlos e Arturo; voltou à noite e a única notícia concreta que trouxe foi que o riacho morria no Nacahuasu, em frente ao prado onde se caça. Alejandro e Pombo dedicaram-se à confecção de mapas no novo esconderijo de Arturo e chegaram com a notícia de que meus livros se molharam; alguns tinham ficados desfeitos e os radiocomunicadores, além de molhados, enferrujaram. Isto, somado a que os dois rádios estão enguiçados, dá um triste panorama das aptidões técnicas de Arturo. Marcos chegou ao anoitecer; caíra no Nacahuasu e nem sequer atingira a confluência deste com o presumido Frias. Não estou muito certo da idoneidade dos mapas nem da identidade desse segundo curso de água.

Começamos o estudo de quíchua, dirigidos por Aniceto e Pedro. Dia de "berne": removemos larvas dessa mosca do corpo de Marcos, Carlos, Pombo, Antonio, Moro e Joaquim.

12

Enviamos a *góndola* para trazer o último. *El Loro* ainda não regressou. Fizemos alguns exercícios, escalando as vertentes do nosso riacho, mas isso levou mais de duas horas para os lados e só 7 minutos para o centro; aqui é que deveremos estabelecer a defesa.

Joaquim me contou que Marcos ficara magoado com a referência feita por mim a seus erros, na reunião do outro dia. Devo falar com ele.

13

Falei com Marcos; a sua queixa era de que a crítica lhe fora feita diante dos bolivianos. Sua argumentação não tem bases; salvo seu estado emocional, digno de atenção, tudo o mais não era relevante. Aludiu a frases depreciativas que Alejandro lhe dirigira e imediatamente isso foi esclarecido; parece que não ocorreu tal fato e sim um mal-entendido. Marcos ficou mais calmo.

Inti e Moro foram caçar, mas não apanharam nada. Saíram turmas para fazer um esconderijo no lugar até onde as mulas possam chegar, mas nada se conseguiu fazer nesse sentido e resolveu-se, então, construir uma cabana de varas no próprio terreno; tinham de voltar à noite, mas a chuva obrigou-os a regressar ao meio-dia, sem acabar a obra.

Joaquim dirigia um grupo que começara a construção de trincheiras. Moro, Inti, Urbano e eu saímos para fazer um caminho que bordejasse nossa posição pela margem direita do riacho, mas nos enfiamos por um péssimo caminho, em que foi preciso contornar despenhadeiros algo perigosos. Ao meio-dia começou a chover e as atividades foram suspensas.

Sem notícias de *El Loro*.

15

Fiquei no acampamento, redigindo algumas instruções para os quadros da cidade. Por ser domingo, só se trabalhou meio-dia. Marcos, com a vanguarda, na cabana; a retaguarda e o centro, nas trincheiras; Ricardo, Urbano e Antonio, melhorando a pista aberta ontem, coisa que não conseguiram, pois há uma rocha alta entre a vertente que dá para o rio e a terra firme. Não se fez qualquer viagem ao acampamento velho.

16

Prosseguiu o trabalho nas trincheiras, que ainda não foi concluído. Marcos deixou seu trabalho quase pronto, construindo uma casinha muito boa. *El Medico* e Carlos substituíram Braulio e Pedro; deram-me a notícia da chegada de *El Loro* com as mulas, mas ele não apareceu, apesar de Aniceto ter saído a seu encontro. Alejandro apresenta sintomas de paludismo.

17

Dia de pouco movimento; foram terminadas as trincheiras da primeira linha. *El Loro* veio me informar da sua viagem; quando lhe perguntei por que saíra, respondeu que considerara sua viagem subentendida, mas acabou por confessar que fora visitar uma mulher que tem ali. Trouxe os arreios para a mula, mas não conseguiu fazê-la caminhar pelo rio.

Ainda não há notícias de *El Coco*; já é um pouco alarmante.

18

O dia amanheceu nublado, por isso não fiz a inspeção das trincheiras. Saíram para a *góndola* Urbano, Nato, *El Medico* (Moro), Inti, Aniceto, Braulio; Alejandro não desceu com eles por se sentir doente.

Daí a pouco começou a chover copiosamente. Debaixo da tormenta chegou *El Loro* para informar que Argañaraz falara com Antonio, mostrando-se conhecedor de muitas coisas e oferecendo-se para colaborar conosco, na cocaína ou seja o que for, mostrando nesse "seja o que for" a suspeita de que há mais alguma coisa. Dei instruções a *El Loro* para que o comprometa sem lhe oferecer muito: somente o pagamento de tudo que transporte com seu jipe e ameaçá-lo de morte se trair. Devido à força do aguaceiro, *El Loro* saiu imediatamente, para evitar que o rio o cercasse.

A *góndola* não chegou às 8 e demos carta branca para a refeição dos *gondoleros*, que foi devorada; poucos minutos depois chegaram Braulio e Nato, informando que o caudal do rio os surpreendera no caminho, procurando avançar, mas Inti caíra na água, perdendo o fuzil e sofrendo contusões. Os outros decidiram passar a noite ali mesmo e só os dois conseguiram chegar, com bastante dificuldade.

19

O dia começou como de costume, trabalhando-se nas defesas e melhorias no acampamento. Miguel caiu com febre violenta, com todas as características de paludismo. Eu estive com o corpo "moído" todo o dia, mas a doença não se manifestou.

Às 8 da manhã chegaram os quatro retardatários, trazendo boa provisão de maçarocas de milho. Tinham passado a noite agachados ao redor de uma fogueira. Temos de esperar que o rio baixe para resgatar o fuzil. Cerca das 4 da tarde, quando *El Rubio* e Pedro já tinham saído para render a guarda do outro acampamento, chegou *El Medico* para avisar que a polícia apareceu no outro acampamento. O tenente Fernández e quatro policiais à paisana chegaram num jipe de aluguel procurando a fábrica de cocaína; só revistaram a casa e algumas coisas estranhas chamaram a atenção deles, como o querosene para os nossos lampiões que não fora levado para o esconderijo. Tiraram a pistola a *El Loro*, mas deixaram-lhe a Mauser e o 22; para despistarem, fizeram de conta que tinham também tirado um 22 a Argañaraz, mostrando a arma a *El Loro*, e retiraram-se com a advertência de que sabiam de tudo e tivéssemos cuidado com eles. *El Loro* poderia reclamar a pistola em Camiri, "sem fazer muita bulha e falando comigo", disse o tenente Fernández. Perguntou pelo "brasileiro".

Dissemos a *El Loro* para que metesse medo ao valegrandino e a Argañaraz, que devem ser os autores da espionagem e da denúncia, e fosse a Camiri, com o pretexto de reaver a pistola, para se comunicar com *El Coco* (tenho minhas dúvidas de que esteja em liberdade). E regressarem ao monte, onde devem viver todo o tempo possível.

20

Fiz a inspeção das posições e dei ordens para realizar o plano de defesa, que foi explicado à noite. Baseia-se na defesa rápida de uma zona contígua ao rio, dependendo dela que se contra-ataque com alguns homens da vanguarda por caminhos paralelos ao rio que desemboquem na retaguarda. Pensávamos fazer vários exercícios, mas com isso continuaríamos a comprometer a situação do velho acampamento, já que apareceu por lá um gringo com um M-2, atirando rajadas; é "amigo" de Argañaraz e vem passar dez dias de férias na sua casa. Enviaremos grupos de batedores e mudaremos o acampamento para um ponto mais próximo da casa de Argañaraz; se a coisa explodir, antes de deixarmos a zona, faremos esse sujeito sentir a nossa influência.

Miguel continua com febre alta.

21

Realizamos um exercício, que falhou em alguns pontos, mas que, de modo geral, foi bom. É preciso insistir na retirada, que foi o ponto mais vulnerável do exercício. Depois partiram as missões: uma, com Braulio, para abrir uma pista paralela ao rio, na direção oeste, e outra com Rolando, para fazer o mesmo na direção leste. Pacho subiu ao monte pelado para experimentar um comunicador e Marcos saiu com Aniceto para encontrar um caminho que permita vigilância adequada dos passos de Argañaraz. Todos deviam voltar antes das 2 horas, exceto Marcos. Fizeram-se as pistas e as provas de audição, que foram positivas. Marcos voltou cedo, pois a chuva impedia a visibilidade. Em plena chuva, Pedro, conduzindo *El Coco* e três novos recrutas: Benjamim, Eusébio e Walter. O primeiro, que vem de Cuba e vai para a vanguarda, e os outros dois para a retaguarda. Mario Monje falou com três que chegaram de Cuba e dissuadiu-os de ingressarem na guerrilha. Não só não renunciou à direção do partido como enviou a Fidel o documento anexo D.IV. Recebi uma nota de Tânia comunicando sua partida e a doença de Ivan, assim como uma nota deste, que se junta (D.V). À noite, reuni todo o grupo e li para eles o documento, assinalando as inexatidões contidas nos pontos *a* e *b* da exposição e aproveitei para lhes dar uma reprimenda adicional. Parece que reagiram bem. Dos três novos, dois parecem firmes e conscientes; o mais jovem é um camponês aimará de aspecto muito saudável.

22

Saiu uma *góndola* de doze pessoas, com Braulio e Walter, para renderem Pedro e Rubio. Voltarão à tarde, sem esgotar a carga. Tudo está tranquilo por lá. Na volta, Rubio sofreu uma queda aparatosa sem graves consequências.

Escrevo a Fidel um documento, o Nº 3, para explicar a situação e experimentar o contato pelo correio. Devo enviá-lo a Laz Paz com Guevara, se ele aparecer à entrevista marcada para dia 25 em Camiri.

Escrevo instruções para os quadros urbanos, o D.III. Devido à *góndola* não houve atividade no acampamento. Miguel melhorou, mas agora Carlos está com febre alta.

Hoje fizemos o teste de tuberculose. Caçaram-se dois perus; um animal caiu na armadilha, mas esta lhe decepou o pé e ele pode fugir.

23

Distribuímos as tarefas no acampamento e foram feitas algumas explorações: Inti, Rolando e Arturo foram em busca de um lugar para um eventual esconderijo de *El Medico* com algum ferido. Marcos, Urbano e eu fomos explorar a colina da frente, procurando um lugar de onde se veja a casa de Argañaraz; ao encontrá-lo percebemos que se vê muito bem. Carlos continua com febre; tipicamente palúdica.

24

A *góndola* saiu com sete homens, voltando cedo com toda a carga e milho; dessa vez foi Joaquim quem tomou o banho, perdendo o Garand, mas recuperou-o. *El Loro* está de volta e já escondido; *El Coco* e Antonio continuam fora, devendo chegar amanhã ou depois com Guevara. Melhoramos uma das pistas para envolver os guardas, no caso de uma eventual defesa dessas posições. À noite expliquei o exercício do outro dia, corrigindo algumas deficiências.

25

Saímos com Marcos para explorar o caminho que sairia à retaguarda dos atacantes; levamos quase uma hora para chegar, mas o local é muito bom. Aniceto e Benjamim saíram para experimentar o transmissor no alto da colina que domina a casa de Argañaraz, mas perderam-se e não houve comunicação; é preciso repetir o exercício. Iniciou-se outra cova para objetos pessoais. Chegou *El Loro* e incorporou-se à vanguarda. Falou com Argañaraz e disse-lhe o que eu indicara. Reconheceu que mandara o valegrandino espiar, mas negou ser o autor da denúncia. *El Coco* espantou este último da casa, pois Argañaraz mandara-o espiar.

Recebemos mensagem de Manila, informando ter recebido tudo bem e que Kolle vai pelo caminho onde o espera Simón Reyes. Fidel adverte que os ouvirá e será duro com eles.

26

Mal havíamos começado a trabalhar no novo esconderijo quando chegou a notícia de que Moisés Guevara estava a caminho com Loyola; saímos até à casinha do acampamento intermediário, onde chegaram às 12.

Expus a Guevara minhas condições: dissolução do grupo, não há graduações hierárquicas para ninguém, nada de organização política por enquanto, e evitar toda e qualquer polêmica em torno das discrepâncias internacionais ou nacionais. Aceitou tudo com grande simplicidade e modéstia; e, depois de um começo frio, tornaram-se cordiais as relações com os bolivianos.

Loyola causou-me excelente impressão. É muito jovem e gentil, mas nota-se-lhe total determinação. Está prestes a ser expulsa da juventude, mas querem obter sua renúncia. Dei-lhe as instruções para os quadros e outro documento; além disso, reembolsei a soma gasta, que se eleva a 70 mil pesos. Estamos com pouco dinheiro.

Nomearemos o dr. Pareja chefe da rede, e Rodolfo virá se incorporar em quinze dias. Envio uma carta a Ivan (D. VI) com instruções.

Dei a *El Coco* instruções para que venda o jipe, mas garantindo as comunicações com a fazenda.

Às 7, aproximadamente, ao cair da noite, nos despedimos. Sairão amanhã à noite e Guevara virá com o primeiro grupo de 4 a 14 de fevereiro; disse que não poderia vir antes por causa das dificuldades de comunicação e que os homens se negavam a partir nessa época por causa do carnaval. Virão radiotransmissores mais potentes.

27

Enviou-se uma *góndola* forte que trouxe quase tudo, mas ainda sobrou carga. Pela noite deverão sair *El Coco* e os emissários: estes ficarão em Camiri e *El Coco* seguirá até Santa Cruz, para arrumar a venda do jipe, deixando-a entabulada para depois do dia 15.

Continuamos a preparar a cova. Um tatu foi apanhado na armadilha. Estão terminando os preparativos de abastecimentos para a viagem. Em princípio, sairemos assim que volte *El Coco*.

28

A *góndola* limpou o velho acampamento. Trazem a informação de que o vale-grandino foi surpreendido rondando o milharal, mas escapou. Tudo indica que se aproxima o momento da decisão sobre a fazenda. Já está pronto o abastecimento previsto para dez dias de marcha e decidida a data; um ou dois dias depois da chegada de *El Coco*, em 2 de fevereiro.

29

Dia de folga completa, salvo para os cozinheiros, caçadores e sentinelas. *El Coco* chegou à tarde; não fora a Santa Cruz, mas a Camiri. Deixou Loyola, que seguiria de avião para La Paz, e Moisés, que iria de ônibus para Sucre. Deixaram estabelecido o domingo como dia de contatos.

Fixou-se o dia 1º de fevereiro para a saída.

30

A *góndola* levou doze homens e a maior parte dos mantimentos; sobra carga para cinco homens. A caça foi infrutífera. Terminada a cova para os objetos pessoais. Não ficou grande coisa.

31

Último dia de acampamento. A *góndola* já limpou tudo o que restava do velho acampamento e retiraram-se os homens da vigilância. Ficaram Antonio, Nato, *El Camba* e Arturo. As instruções são: fazer contato, no máximo a cada três dias; enquanto forem quatro, dois andarão armados; a vigilância não afrouxará em momento algum; os novos recrutas serão instruídos nas normas gerais, mas não devem conhecer mais do que o imprescindível; o acampamento ficará livre de tudo o que for objetos pessoais e as armas serão escondidas no monte, cobertas com uma lona. A reserva de dinheiro permanecerá constantemente no acampamento, sobre o corpo de um deles; devem continuar a explorar os caminhos já abertos e os riachos vizinhos. No caso de retirada precipitada, dois irão ao esconderijo de Arturo: Antonio e ele próprio; Nato e *El Camba* sairão pelo riacho e um deles deixará um aviso no lugar que escolheremos amanhã. Se houvesse mais de quatro homens, um grupo cuidaria da cova de reserva.

Falei à tropa, dando-lhe as últimas instruções sobre a marcha. Também dei a *El Coco* as últimas instruções (D. VII).

ANÁLISE DO MÊS

Como eu esperava, a atitude de Monje foi evasiva, no princípio, e traiçoeira depois. O partido já está pegando agora em armas contra nós e não sei até onde chegará, mas isso não nos deterá e talvez venha ainda a ser benéfico (tenho quase certeza disso). A gente mais honesta e combativa está do nosso lado, embora passe por crises de consciência mais ou menos graves.

Até agora, Moisés Guevara tem correspondido bem. Veremos como ele e sua gente se portam no futuro. Tânia partiu, mas nem ela nem os argentinos deram sinal de vida. Agora principia a fase guerrilheira, propriamente dita, e testaremos as tropas; o tempo dirá que resultados serão colhidos e quais são as perspectivas da revolução boliviana. De tudo o que estava previsto, o que andou mais lentamente foi a incorporação de novos combatentes bolivianos.

CAPÍTULO 5

Fevereiro

1

Foi coberta a primeira etapa. Chegamos um tanto cansados, mas, em geral, andamos bem. Antonio e Nato subiram para combinar a contrassenha e arriaram a minha mochila e a de Moro, que está convalescendo de um ataque de paludismo. Estabeleceu-se um sistema de alarme dentro de uma garrafa, debaixo de um mato à beira do caminho. Na retaguarda, Joaquim não resistiu ao peso e todo o grupo se atrasou.

2

Dia trabalhoso e lento. *El Medico* atrasa um pouco a marcha, mas o ritmo geral é lento. Às 4 chegamos ao último lugar com água e acampamos. A vanguarda recebeu ordem de chegar ao rio (presumivelmente o Frías), mas também não avançava em bom ritmo. À noite choveu.

3

O dia amanheceu chuvoso, pelo que atrasamos a saída até às 8. Quando encetávamos a marcha, chegou Aniceto com uma sólida corda para nos ajudar nos trechos mais difíceis. Pouco depois recomeçou a chuva. Chegamos ao riacho às 10, encharcados até os ossos, e resolvemos não avançar mais no dia de hoje. O riacho não pode ser o rio Frías, simplesmente não figura no mapa. Amanhã, a vanguarda sairá com Pacho na frente e nos comunicaremos de hora a hora.

4

Caminhamos desde o amanhecer até às 4 da tarde, com uma pausa de duas horas para tomar uma sopa ao meio-dia. Avançamos ao longo do curso do Nacahuasu; o caminho é relativamente bom, mas fatal para os sapatos, pois alguns companheiros já estão quase descalços.

A coluna está fatigada, mas todos corresponderam bem até agora. Estou livre de quase 8 quilos de peso e posso caminhar com desenvoltura, embora a dor nos ombros seja, por vezes, insuportável.

Não foram encontrados sinais recentes da passagem de gente pelo rio, mas devemos topar com zonas habitadas de um momento para o outro, segundo o mapa.

5

Inesperadamente, após caminharmos cinco horas pela manhã (12-14 quilômetros), nos avisaram da vanguarda que tinham encontrado animais (afinal, era uma égua e seu potro). Detivemo-nos e ordenamos uma exploração para evitar o presumido povoado. A discussão era se estávamos no Iripiti ou na confluência com o Saladillo, marcada no mapa. Pacho voltou com a notícia de que havia um grande pio, maior do que o Nacahuasu e que não tinha vau. Deslocamo-nos até lá e nos encontramos pela frente com o autêntico rio Grande, ainda por cima com um grande caudal. Há sinais de vida, mas um tanto antigos e os caminhos que exploramos terminam em capinzais, por onde não há vestígios de trânsito. Acampamos num mau lugar, próximo do Nacahuasu, para aproveitar a água, e amanhã faremos uma exploração de ambas as margens do rio (este e oeste), para nos familiarizarmos com a região. Outro grupo tratará de atravessá-lo.

6

Dia de calma para refazer as forças. Joaquim sai com Walter e *El Medico* para explorarem o rio Grande, seguindo seu curso. Caminharam 8 quilômetros sem encontrar vaus e apenas localizaram um riacho de água salobra. Marcos caminha um pouco contra a corrente e não chega a atingir o Frías; acompanham-no Aniceto e *El Loro*; Alejandro, Inti e Pacho tentam atravessar o rio a nado, mas não o conseguem. Nós nos deslocamos 1 quilômetro mais para trás, procurando um lugar mais bem situado para estacionar. Pombo está adoentado.

Amanhã começaremos a construir uma balsa para tentar a travessia.

7

A balsa foi construída sob a orientação de Marcos; ficou muito grande e pouco manobrável. À 1h30 começamos a nos deslocar para o local da travessia, que teve início às 2h30. A vanguarda atravessou em duas viagens e na terceira metade do setor central e levou minha roupa, mas não levou minha mochila; quando atravessavam de novo o rio para transportar o resto do centro, *El Rubio* calculou mal e a corrente levou-a muito para baixo, não podendo recuperá-la. Desmantelou-se e Joaquim começou outra, que ficou pronta às 9 da noite, mas não foi preciso atravessar à noite, porque não choveu e as águas continuavam a baixar. Do centro restavam Tuma, Urbano, Inti, Alejandro e eu. Tuma e eu dormimos no chão.

10

Convertido em ajudante de Inti, fui falar com os camponeses. Creio que a comédia não foi muito conveniente, por causa da timidez de Inti. Dirigi-me a um camponês típico: capaz de nos ajudar, mas incapaz de prever os perigos que isso acarreta e, portanto, potencialmente perigoso. Ele forneceu uma série de informações sobre os camponeses, mas hesitava muito, talvez por não se sentir seguro. *El Medico* tratou dos filhos dele, que tinham vermes, e de uma outra criança que levara um coice de uma égua, e nos despedimos.

Passamos a tarde e a noite preparando *humintas* (pequenos pães de farinha de milho maduro, cozidos no forno). Não ficaram bons. Ao fim da noite fiz algumas observações a todos os companheiros reunidos, a respeito dos dez dias seguintes. Em princípio, penso caminhar dez dias rumo a Masicuri e fazer que todos os companheiros vejam fisicamente os soldados. Depois avançaremos pelo curso do Frías, para deixar outro caminho explorado (o camponês chamava-se Rojas).

11

Seguimos por uma pista claramente marcada, bordejando o rio, até que se tornou pouco transitável e, por vezes, perdia-se completamente, sinal de que ali não passara ninguém há muito tempo. Ao meio-dia chegamos a um ponto em que a pista se fechava totalmente junto de um grande rio, o que logo nos fez surgir a dúvida se seria ou não o Masicuri. Paramos junto a um riacho, enquanto Marcos e Miguel exploravam rio acima, Inti, Carlos e Pedro faziam o mesmo rio abaixo, a fim de localizarem a foz. Foi assim que se confirmou ser o Masicuri, cujo primeiro vau parece estar mais abaixo e onde viram, de longe, vários camponeses que carregavam uns cavalos. Talvez tenham visto o nosso rasto; daqui em diante é preciso tomar precauções extremas. Estamos a uma ou duas léguas de Arenales, segundo a informação do camponês.

h – 760 m.

12

Os 2 quilômetros cobertos ontem pela vanguarda foram rapidamente percorridos. A partir desse momento, as picadas foram abertas muito lentamente. Às 4 da tarde encontramos uma estrada real que parecia ser a que procurávamos. Em frente, do outro lado do rio, havia uma casa que decidimos desprezar e procurar outra deste lado, que devia ser a de Montano, um recomendado de Rojas. Inti e *El Loro* percorreram as redondezas, mas não encontraram nada, embora as características indicassem que devia ser ali.

Às 7h30 saímos em marcha noturna que serviu para demonstrar o muito que ainda falta aprender. Às 10, aproximadamente, Inti e *El Loro* localizaram a casa e trouxeram notícias pouco promissoras: o homem estava bêbado e foi pouco acolhedor; só tem milho. Embriagara-se na casa de Caballero, do outro lado do rio, cujo vau passa por ali. Decidimos dormir num bosque próximo. Eu sentia cansaço e estava um dia sem comer.

13

De madrugada desabou uma chuvada forte que durou toda a manhã e engrossou o rio. As notícias melhoraram: Montaño é o filho do dono, de uns dezesseis anos. O pai não estava e tardaria uma semana em regressar. Deu muitas informações precisas até a planície, que está apenas a uma légua. Um trecho do caminho segue pela margem esquerda, mas é curto. Nesta banda só vive um irmão de Perez, um camponês médio cuja filha está noiva de um membro do Exército. Nos mudamos para novo acampamento, ao lado de um riacho e de um milharal. Marcos e Miguel fizeram um atalho até a estrada real.

h – 650 m (o tempo ameaça tempestade).

14

Dia tranquilo, passado no acampamento. O rapaz da casa veio três vezes, uma delas para avisar que algumas pessoas tinham atravessado do outro lado do rio para cá, a fim de recolherem alguns porcos, mas a coisa não passou disso. Pagamos-lhe mais pelos destroços feitos no milharal. Todo o dia se trabalhou na abertura da picada à força de facão, sem encontrar casas. Calculamos ter preparados uns seis quilômetros, que será metade do trabalho de amanhã.

Foi decifrada uma extensa mensagem de Havana, cujo núcleo é a notícia da entrevista com Kolle. Este dissera que não o tinham informado sobre a amplitude continental da tarefa, que nesse caso estariam dispostos a colaborar num plano cujas características pediram para discutir comigo; viriam o próprio Kolle, Simón Rodriguez e Ramirez. Também sou informado de que

Simón manifestara sua decisão de nos ajudar, independentemente do que resolva o partido.

Informam ainda que *El Francês* (Régis Debray), viajando com seu passaporte, chegará no dia 23 a La Paz e se alojará na casa de Pareja ou Rhea. Falta um trecho que não conseguimos decifrar até agora. Veremos como defrontar essa nova ofensiva conciliatória. Outras notícias: Merci apareceu sem dinheiro, alegando roubo; suspeita-se de malversação de fundos, embora não se negue a possibilidade de algo ainda mais grave. Lechin foi pedir dinheiro e treinamento.

15

Dia de muita tranquilidade. Às 10 da manhã tínhamos alcançado o ponto onde chegaram os picadores. Depois, a marcha foi mais lenta. Às 5 da tarde informaram que tinham encontrado um campo de semeadura, o que se confirmou às 6. Mandamos Inti, *El Loro* e Aniceto, para falarem com o camponês; era Miguel Perez, irmão de Nicolas, um camponês rico, mas ele é pobre e explorado pelo irmão, de modo que se mostrou disposto a colaborar. Não comemos, devido ao avançado da hora.

16

Caminhamos mais alguns metros, para nos pormos longe da curiosidade do irmão e acampamos numa colina sobranceira ao rio, que corre 50 metros abaixo. A posição é boa no tocante a estarmos a salvo de eventuais surpresas, mas um tanto incômoda. Iniciamos a tarefa de preparar uma boa quantidade de comida para a travessia, que será feita cruzando a serra até Rosita. Pela tarde, uma chuva violenta e pertinaz, que caiu sem pausa toda a noite, transtornou os nossos planos e engrossou de tal forma o rio que ficamos novamente isolados. Emprestaremos $ 1.000 ao camponês para que compre e engorde porcos; tem ambições capitalistas.

17

A chuva continuou de manhã. Dezoito horas de chuva. Tudo está molhado e o rio cada vez leva mais água. Mandei Marcos, na companhia de Miguel e Braulio, para que descubram um caminho que conduza ao Rosita. Informou que à frente existe um altiplano sem vegetação, semelhante ao que chamamos Pampa del Tigre. Inti sente-se mal, resultado de ter comido demais.

h – 720 m (condições atmosféricas anormais).

Aniversário de Josefina (33).

18

Fracasso parcial. Caminhamos lentamente, acompanhando o ritmo dos picadores que vão na frente abrindo caminho com seus facões. Mas às 2 tínhamos atingido o altiplano; demoramos um pouco mais e às 3 chegamos à aguada onde acampamos, esperando atravessar o Ilano pela manhã. Marcos e Tuma fizeram a exploração e voltaram com péssimas notícias: a serra é cortada por espinhaços de rocha a pique, impossíveis de descer. Não há outro remédio senão retroceder.

h – 980 m.

19

Dia perdido. Descemos a serra até encontrar o riacho e tentamos subir por ele, mas foi impossível. Mandei Miguel e Aniceto verem se era possível subir por outra vertente da cordilheira e transpô-la, mas sem resultado. Consumimos o dia à espera deles que voltaram afirmando que todas as cristas eram do mesmo tipo: intransponíveis. Amanhã tentaremos escalar a última serra depois do riacho, na direção oeste (as outras estão orientadas na direção sul, onde a cordilheira se quebra).

h – 760 m.

20

Dia de marcha lenta, mas acidentada; Miguel e Braulio afastaram-se pelo velho caminho para chegar ao riacho do milharal; aí perderam o rumo e voltaram só ao anoitecer. Quando chegamos ao riacho seguinte, mandei Rolando e Pombo explorarem-no, até que depararam com um farelhão a pique, mas só voltaram às 3, pelo que seguimos pelo caminho que Marcos ia desbravando e deixamos Pedro e *El Rubio* à sua espera. Chegamos às 4h30 ao riacho do milho, onde acampamos. Os exploradores não voltaram.

h – 720 m.

21

Lenta caminhada riacho acima. Pombo e Rolando voltaram com a grata notícia de que o outro riacho dava passagem, mas Marcos foi explorá-lo e pareceu--lhe igual aos demais. Saímos às 11, mas às 13h30 deparamos com umas poças de água muito fria e que era impossível vadear. *El Loro* saiu em exploração e tardou muito, pelo que enviei Braulio e Joaquim pela retaguarda. *El Loro* voltou com a notícia de que o riacho alargava mais acima e era mais praticável, pelo que se resolveu avançar sem mais delongas. Às 6 acampamos, quando Joaquim regressava com a notícia de que se podia escalar a vertente, com extenso caminho praticável. Inti está mal; "empanturrado" pela segunda vez numa semana.

h – 860 m.

22

O dia foi todo gasto em galgar vertentes muito íngremes e difíceis, e cobertas de urzes. Após um dia exaustivo, a hora de acampar surpreendeu-nos sem atingirmos o cume; mandei Joaquim e Pedro fazerem-no sozinhos e eles regressaram às 7 com a notícia de que faltavam, pelo menos, três horas de marcha e preparação do terreno.

Estamos nas nascentes do riacho que deságua no Masicuri, mas com rumo sul.

h – 1.180 m.

23

Dia negro para mim; sentia-me de tal modo esgotado e ofegante que as últimas horas de caminhada foram cobertas apenas à força de pulmões. Pela manhã, Marcos, Braulio e Tuma saíram para preparar o caminho, enquanto os demais esperavam no acampamento. Aí deciframos uma nova mensagem que anuncia o recebimento da minha pelo correio francês. Saímos às 12, com um sol que rachava pedras e, pouco depois, tive uma espécie de desmaio ao atingir o pico mais alto. A partir daí caminhei impelido apenas pela vontade. A altura máxima atingida foi 1.420 metros, de onde se domina uma vasta região em que se inclui o rio Grande, a foz do Nacahuasu e uma parte do Rosita. A topografia é diferente da que assinala o mapa; após uma nítida linha divisória desce-se abruptamente para uma espécie de meseta arborizada, de 8 a 10 quilômetros de largura, em cuja extremidade corre o Rosita; ergue-se logo outro maciço com altitudes equivalentes às desta cadeia e, a distância, enxerga-se a planície.

Decidimos descer por um lugar praticável, embora muito escarpado, para seguir o curso de um ribeiro que conduz ao rio Grande e daí ao Rosita. Parece não haver casas pelas margens, ao contrário do que o mapa indica. Acampamos a 900 metros, após uma caminhada infernal sem água e já anoitecendo. Na madrugada anterior ouvi Marcos mandar à merda um companheiro e durante o dia outro. Tenho de falar com ele. Aniversário de Ernestito (2).

24

Dia trabalhoso e desanimado. Avançamos muito pouco, sem água, pois o riacho que alcançamos está seco. Às 12 foram substituídos os homens que continuavam desbastando o mato, abrindo caminho a facão; estavam esfalfados; às 2 da tarde choveu um pouco e enchemos os cantis; pouco depois encontramos um pequeno poço e às 5 acampamos numa clareira, perto da água. Marcos e Urbano continuaram a exploração e Marcos voltou com a notícia de que o rio estava a um par de quilômetros, mas o caminho pelo riacho era muito ruim, pois adiante convertia-se num pantanal.

h – 680 m.

25

Dia negro. Avançou-se muito pouco e, para cúmulo do azar, Marcos equivocou-se no percurso e perdemos a manhã. Tinha saído com Miguel e *El Loro*. Às 12 comunicou-o e pediu para ser rendido; foram Braulio, Tuma e Pacho. Às 2 horas regressou Pacho, dizendo que Marcos o enviara porque já não se escutava bem. Às 4h30 enviei Benigno para que avisasse Marcos de que, se até às 6 não encontrasse o rio, regressasse; após a saída de Benigno, Pacho contou-me que Marcos e ele tinham discutido, que Marcos lhe dera ordens peremptórias, ameaçando-o com o facão e atingindo-o na cara com o cabo; quando Pacho voltou, dizendo-lhe que não continuava com ele, Marcos ameaçou-o de novo com o facão, insultando-o e rasgando-lhe a roupa. Perante a gravidade dos fatos, chamei Inti e Rolando, que confirmaram o clima ruim que reinava na vanguarda por causa do temperamento de Marcos, mas também informaram alguns atrevimentos de Pacho.

26

Pela manhã tive uma conversa com Marcos e Pacho, da qual saí convencido de que houve, por parte dele, injúrias e maus-tratos, talvez mesmo as ameaças com a faca de mato, mas não a pancada; da parte de Pacho, respostas injuriosas e uma tendência para a fanfarronada, que nele é inata. Esperei que todos estivessem reunidos e falei então do que significava esse esforço para chegar a Rosita, explicando como esse tipo de privações era apenas uma introdução ao que ainda sofreríamos e como, por falta de adaptação, aconteciam incidentes vergonhosos, como esse de que haviam sido protagonistas dois cubanos; critiquei Marcos por suas atitudes e assinalei a Pacho que outro incidente como esse provocaria sua saída desonrosa da guerrilha. Pacho, além de se negar a seguir com o radiocomunicador, voltou sem me avisar do incidente e depois, segundo todas as possibilidades, mentiu acerca das pancadas que Marcos pretensamente lhe dera. Pedi aos bolivianos que os que se sentissem desanimados e sem forças não apelassem para métodos rebuscados; que o dissessem francamente a mim e os liberaria de boa vontade.

Continuamos a caminhada, procurando alcançar o rio Grande para seguirmos seu curso; conseguimo-lo e foi então possível avançar mais de um quilômetro, mas foi preciso voltar a subir, pois o rio não dava passo num farelhão. Benjamim ficara para trás, por dificuldades em carregar a mochila e esgotamento físico; quando chegou a meu lado dei-lhe ordem de que seguisse adiante e assim o fez; caminhou mais uns 50 metros e perdeu a pista da subida, pondo-se a procurá-la em cima de uma laje; quando ordenei a Urbano que o ajudasse a reencontrar a pista, Benjamim fez um movimento brusco, escorregou e caiu na água. Não sabia nadar. A corrente era forte e o arrastou, enquanto tentava encontrar pé. Corremos em seu auxílio e, quando despíamos a roupa, o vimos desaparecer num remoinho. Rolando nadou até lá e mergulhou, para ver se descobria o companheiro, mas a corrente também o arrastou para longe do local. Cinco minutos depois, renunciamos a toda esperança. Benjamim era um moço débil e absolutamente inábil, mas dotado de grande vontade de vencer; as provações foram mais fortes do que ele, o físico não correspondeu e tivemos agora, de um modo absurdo, o nosso batismo de morte no rio Grande. Acampamos sem alcançar o Rosita às 5 da tarde. Comemos a última ração de feijões.

27

Após outro dia exaustivo, marchando pela margem e subindo rochedos, atingimos o rio Rosita. É maior do que Nacahuasu e menor do que o Masicuri, e tem as águas barrentas, avermelhadas. Comemos a última ração de reserva e não se encontram sinais de vida próxima, apesar de estarmos perto de povoações e estradas.

h – 600 m.

28

Dia de semirrepouso. Depois do pequeno almoço (chá) fiz uma breve palestra, analisando a morte de Benjamim e contando alguns episódios de Sierra Maestra. Depois saíram os exploradores, Miguel, Inti e *El Loro*, Rosita acima, com instruções para caminharem três horas e meia, o que eu supunha ser bastante para atingirem o rio Abaposito, mas isso não aconteceu, por falta de pista aberta; também não encontraram sinais de vida. Joaquim e Pedro subiram aos montes fronteiros, mas nada viram, não encontraram pista alguma nem restos dela. Alejandro e *El Rubio* atravessaram o rio, mas também não encontraram caminhos abertos; embora a exploração fosse mais superficial. Marcos dirigiu a construção da balsa e iniciamos a travessia assim que ela ficou pronta, num cotovelo do rio onde desemboca o Rosita. Passaram as mochilas de cinco homens, mas passou a de Miguel e ficou a de Benigno, ao passo que sucedia o inverso com eles; e, para cúmulo, Benigno deixou os sapatos do outro lado. A balsa não pode ser recuperada e a segunda não está terminada, de modo que suspendemos a travessia até amanhã.

ANÁLISE DO MÊS

Embora não tenha notícias do ocorrido no acampamento, tudo corre relativamente bem, com as devidas exceções, fatais nestas circunstâncias. No aspecto externo, não há notícias dos homens que eu deveria receber para completar a coluna; *El Francês* já deve estar em La Paz e qualquer dia chegará ao acampamento; não tenho notícias dos argentinos nem de *El Chino*; as mensagens são bem recebidas em ambas as direções; a atitude do partido continua sendo vacilante e dúbia, sendo o menos que se pode dizer dela, embora reste a possibilidade de um esclarecimento, que pode ser definitivo, quando falar com a nova delegação. A marcha cumpriu-se bem, mas foi entristecida pelo acidente que custou a vida de Benjamim; o pessoal ainda não endureceu e nem todos os bolivianos resistirão. Os últimos dias de fome enfraqueceram o entusiasmo, o que se torna ainda mais evidente quando se desunem. Dos cubanos, dois dos de pouca experiência, Pacho e *El Rubio*, ainda não corresponderam ao que deles se exige, Alejandro satisfaz plenamente, Marcos dá contínuas dores de cabeça e Ricardo não está cumprindo inteiramente. Os demais bem.

A próxima etapa será de combate, e decisiva.

CAPÍTULO 6

Março

1

Às 6 da manhã começou a chover. Protelamos a travessia até que passasse a tormenta. Mas a chuva se intensificou e caiu sem interrupção até às 3 da tarde, hora em que a corrente já estava tão forte que não consideramos prudente tentar a travessia. Agora o rio vai tão cheio que nada se pode fazer e, o pior, é que não dá sinais de baixar. Mudei-me para um casebre em ruínas e abandonado, para fugir da água, e aí fiz o novo acampamento. Joaquim ficou no mesmo lugar. Durante a noite me informou de que Polo tomara sua lata de leite e Eusébio a de leite e a de sardinha; por ora, como punição, ficarão sem comer quando lhes toquem as rações dessas coisas. Mau sintoma.

2

O dia amanheceu chuvoso e todos estão nervosos, começando por mim. O rio cresceu ainda mais. Decido abandonar o acampamento assim que desanuvie um pouco e prosseguimos paralelamente ao rio, pelo caminho que nos trouxe até aqui. Saímos às 12 e fizemos boa provisão de açaí. Às 4h30 paramos, pois tínhamos abandonado o nosso caminho com o intuito de aproveitar uma velha pista que, afinal, se perdia no mato. Não tenho notícias da vanguarda.

3

Começamos com entusiasmo, caminhando bem, mas o passar das horas foi moderando os ímpetos e foi preciso seguir o caminho pela terra firme, pois temia que se produzisse algum acidente na zona onde Benjamim caiu. Demoramos quatro horas percorrendo o caminho que nos tomara menos de meia hora para baixo. Às 6 atingimos a margem do riacho onde acampamos; mas como só restavam dois açaís, Miguel e Urbano, depois Braulio, saíram à procura de mais palmitos e só voltaram às 9. Comemos por volta das 12; o palmito-juçara (ou açaí) está salvando a situação.

h – 600 m.

4

Miguel e Urbano saíram de madrugada e estiveram durante o dia abrindo uma picada, voltando às 6 da tarde; avançaram uns 5 quilômetros e viram uma planície que deve permitir um avanço mais rápido, mas não há lugar para acampamento, razão pela qual decidimos ficar aqui até alargar a pista. Os caçadores apanharam dois macacos, uma arara e um pombo, que, com o açaí, abundante nas margens desse riacho, foram nossa refeição. O moral do grupo está baixo e o físico piora dia a dia; estou com um começo de edema nas pernas.

5

Joaquim e Braulio saíram de picadores, mesmo com chuva, estão fracos e não avançaram muito. Colhemos doze açaís e caçamos alguns pássaros, o que permite manter a ração de enlatados por um dia mais e fazer reserva de palmito para mais dois.

6

Dia de marcha intermitente até às cinco da tarde. Miguel, Urbano e Tuma são os *macheteros*. Avançamos um pouco e vimos ao longe umas ribanceiras que devem ser as do Nacahuasu. Só caçamos um papagaio, que entregamos à retaguarda. Hoje comemos palmito com carne. Restam-nos apenas mais três refeições muito escassas.

h – 600 m.

7

Quatro meses. Os homens estão cada vez mais desanimados, vendo chegar o fim dos mantimentos, mas não o do caminho. Hoje avançamos entre 4 e 5 quilômetros pela margem do rio e demos, finalmente, com uma pista promissora. Ração: três pássaros e meio e o resto do palmito; a partir de amanhã as latas, um terço por cabeça durante dois dias; depois o leite, que é a despedida. Para Nacahuasu devem faltar duas ou três jornadas.

h – 610 m.

8

Dia de pouco caminho, de surpresas e tensões. Às 10 da manhã saímos do acampamento sem esperar por Rolando, que tentava caçar alguma coisa. Tínhamos andado hora e meia quando nos encontramos com os *macheteros* (os homens que abriam caminho no mato) e os caçadores: Urbano, Miguel, Tuma, *El Medico* e Chinchu, respectivamente. Com eles havia um montão de papagaios, mas depararam com uma represa de água e se detiveram. Fui inspecionar o local, depois de ordenar um acampamento, e encontramos uma estação de bombeamento de petróleo. Inti e Ricardo lançaram-se à água; deviam fingir-se caçadores. Atiraram-se vestidos, com o intuito de atravessar em duas etapas, mas Inti teve dificuldades e quase se afogou; Ricardo ajudou-o e, por fim, saíram na margem, chamando a atenção de todos. A contrassenha, se houvesse perigo, não foi ouvida e ambos desapareceram. Tinham iniciado a travessia às 12 e às 15h15 retirei-me sem que tivessem dado sinal de vida. Passou a tarde e não apareceram. A última sentinela retirou-se às 21 e não tinham dado nenhum sinal até aquela hora. Preocupei-me muito: dois valiosos companheiros estavam expostos e não sabíamos o que poderia ter acontecido. Resolvemos que Alejandro e Rolando, os melhores nadadores, atravessarão amanhã para esclarecer a situação. Comemos melhor do que nos outros dias, apesar da falta de palmito, graças à abundância de papagaios e macacos que Rolando matou.

9

Iniciamos muito cedo a tarefa da travessia da represa, mas foi necessário fazer uma balsa, o que demorou algum tempo. O companheiro de vigia advertiu que se viam pessoas seminuas do outro lado; eram 8h30 e suspendemos a travessia. Fez-se um pequeno atalho que sai do outro lado do acampamento, mas há uma clareira de onde nos veem, pelo que deveremos sair daqui de madrugada, aproveitando a neblina do rio. Por volta das 16 horas, após uma exasperante vigilância que para mim durou desde às 10h30, vimos se jogarem à água os dois companheiros que tanta apreensão me causavam: Inti e Ricardo. A corrente levou-os muito para baixo. Traziam um porco, pão, arroz, açúcar, café, algumas latas, mandioca etc. e nos propiciaram um pequeno festim de café e pão e autorizei que consumissem a lata de leite condensado e doce que trazíamos de reserva. Explicaram que tinham aparecido na margem de hora a hora, para que os víssemos, mas infrutiferamente. Marcos e seu grupo já passaram por ali há três dias e, segundo parece, Marcos fez das suas, mostrando as armas. Os engenheiros de Minas e Energia da represa não sabem ao certo qual é a distância até Nacahuasu, mas supõem uns cinco dias de caminho. Os víveres chegam perfeitamente se for assim. A bomba pertence a uma estação elevatória que está sendo construída.

10

Saímos às 6h30, caminhando 45 minutos até alcançarmos os batedores. Às 8 começou a chover, o que sucedeu ininterruptamente até às 11. Caminhamos efetivamente umas três horas e acampamos às 5. Veem-se agora umas ribanceiras que podem ser as margens do Nacahuasu. Braulio saiu para explorar e regressou com a notícia de que há pista aberta e o rio corre na direção oeste.
h – 600 m.

11

O dia começou sob bons auspícios. Marchamos mais de uma hora por um caminho perfeito, mas que depois se perdeu sem transição. Braulio foi obrigado a pegar de novo no seu facão e avançamos penosamente até encontrar uma praia. Quando nos aprontávamos para continuar, dando tempo a Braulio e Urbano para que abrissem caminho, a maré enchente cortou-nos a pista; foi uma coisa fulminante e o rio cresceu um par de metros. Ficamos isolados dos dois e fomos constrangidos a contornar pelo monte sobranceiro. À 1h30 paramos e mandei à frente Miguel e Tuma, com a missão de estabelecerem contato com Braulio e Urbano e deram-lhes ordem de regressar se não conseguissem atingir o Nacahuasu ou algum lugar bom. Voltaram às 18 horas. Tinham caminhado uns 3 quilômetros e esbarrado com um farelhão cortado a pique. Parece que estamos perto, mas as últimas jornadas serão muito árduas, se o rio não baixar, o que se me afigura muito improvável. Cobrimos 4 a 5 quilômetros. Suscitou-se um incidente desagradável porque falta açúcar na retaguarda e paira a suspeita entre menor quantidade para eles na repartição ou certas liberalidades de Braulio. Tenho de falar com ele.
h – 610 m.

12

Cobrimos em uma hora e dez o trecho de pista aberto ontem. Quando chegamos, Miguel e Tuma, que tinham saído primeiro, já exploravam para abrir uma passagem contornando o rochedo a pique. Nisso se gastou o dia: nossa única atividade foi caçar quatro pássaros, que comemos como complemento do arroz com mexilhões. Restam-nos duas rações. Miguel ficou do outro lado e parece que conseguiu passagem até ao Nacahuasu. Caminhamos uns 3 ou 4 quilômetros.

13

Das 6h30 às 12 subimos por rochas e pedregulhos infernais, seguindo o caminho que Miguel ia abrindo em um trabalho ciclópico. Pensávamos que já tínhamos o Nacahuasu a nosso alcance quando defrontamos com mais alguns desfiladeiros em péssimas condições e em 5 horas avançamos pouco. Acampamos sob um aguaceiro moderado às 17 horas. O pessoal está muito cansado e a desmoralização começa a infiltrar-se de novo. Resta uma única ração. Percorremos uns 6 quilômetros, mas de pouco proveito.

15

Atravessamos o rio, mas só o centro da coluna, com *El Rubio* e *El Medico* para nos ajudarem. Pensávamos chegar à desembocadura do Nacahuasu, mas levamos três homens que não sabiam nadar e um grande peso. A corrente arrastou-nos cerca de um quilômetro e não era possível cruzar na balsa, como era nossa intenção. Ficamos os onze deste lado e amanhã voltarão a atravessar *El Medico* e *El Rubio*. Caçamos quatro gaviões, que foi nossa refeição, não tão má quanto se julgava. As coisas ficaram molhadas e o tempo continua carregado de água. O moral é baixo; Miguel tem os pés inchados e há mais alguns nessas condições.

h – 580 m.

16

Decidimos comer o cavalo, pois as tumefações começaram a ser alarmantes. Miguel, Inti, Urbano e Alejandro apresentam diversos sintomas; estou numa debilidade extrema. Cometemos um erro de cálculo, pois julgávamos que Joaquim atravessaria, mas tal não aconteceu. *El Medico* tentou cruzar para os ajudar, mas foram impelidos rio abaixo, perdendo-os de vista. Joaquim solicitou autorização para atravessar, e eu dei; também se perdeu rio abaixo. Mandei Pombo e Tuma alcançá-los, mas não os encontraram, regressando à noite. A partir das 17 horas foi uma orgia de cavalo. Amanhã provavelmente veremos as consequências. Calculo que Rolando deve chegar hoje ao acampamento. Decifrada por completo a mensagem nº 32, que anuncia a chegada de um boliviano para se incorporar, com outro carregamento de glucantine, um antiparasitário. Até agora não tivemos dessas coisas.

17

Outra vez a tragédia nos fere, antes do batismo de fogo. Joaquim apareceu no meio da manhã; Miguel e Tuma tinham ido a seu encontro com pedaços de carne fresca. A odisseia fora séria: não puderam dominar a balsa e esta seguiu rio abaixo, até que foram apanhados num remoinho que a virou, segundo eles, várias vezes. O resultado final foi a perda de várias mochilas, quase todas as balas, seis fuzis e um homem: Carlos. Este se soltou da balsa no redemoinho, com Braulio, mas com sorte diversa: Braulio alcançou a margem e ainda pode ver Carlos, que era arrastado na corrente sem oferecer resistência. Joaquim já tinha saído com os outros mais adiante e não viu Carlos passar. Era considerado o melhor dos bolivianos na retaguarda, por sua seriedade, disciplina e entusiasmo.

As armas perdidas foram: uma Brno, a de Braulio, 2 M-1, de Carlos e Pedro, 3 Mausers, de Abel, Eusébio e Polo. Joaquim informou que vira *El Rubio* e *El Medico* na outra margem e já lhes ordenara que fizessem uma pequena balsa e regressassem. Às 14 horas apareceram com sua crônica de dissabores e peripécias, quase nus e com *El Rubio* descalço. A balsa desintegrara-se no primeiro redemoinho. Atingiram a margem quase onde nós a tínhamos cruzado. Nossa partida ficou marcada para amanhã cedo e Joaquim só partirá ao meio-dia. Espero ter notícias amanhã, mesmo no decorrer do dia. Apesar de tudo, o moral da gente parece bom.

18

Saímos de madrugada, deixando Joaquim digerir e acabar de domesticar o seu meio cavalo, com instruções para se pôr em marcha assim que se sentisse fortificado. Tive uma luta para conseguir manter uma certa reserva de carne, contra a opinião dos homens que queriam meter o dente no cavalo até os cascos. No meio da manhã já estavam atrasados Ricardo, Inti e Urbano; foi preciso esperá-los contra os meus propósitos de repousar no acampamento de onde tínhamos partido na ida. De qualquer modo, estamos progredindo mal. Às 14h30 apresentou-se Urbano com uma pequena corça caçada por Ricardo, o que nos permite certa folga e uma reserva de costelas de cavalo. Às 16h30 chegamos ao ponto que devia ser intermediário no percurso do dia, mas foi aí mesmo que dormimos. Alguns homens estão de mau humor: Chinchu, Urbano e Alejandro.

19

Pela manhã caminhamos bem, os da frente e paramos às 11, como fora combinado, mas outra vez Ricardo e Urbano se atrasaram – e, desta vez, Alejandro. Chegaram às 13, mas com outra corça, também caçada por Ricardo e, com eles, chegou Joaquim. Suscitou-se um incidente por uma troca de palavras entre

Joaquim e *El Rubio*, em que tive de tratar asperamente este último sem estar muito convencido de que fosse o culpado.

Decidi avançar até o riacho, de qualquer maneira, mas começou a nos rondar uma avioneta que nada pressagiava de bom e, além disso, estava preocupado com a falta de notícias da base. Pensava que a etapa seria a mais longa, mas, apesar do desânimo dos homens, conseguimos chegar às 17h30. Aí nos receberam o médico peruano, *El Negro*, que viera com *El Chino*, e o telegrafista, que nos deu notícias, Benigno: esperavam-nos com comida, dois homens de Moisés Guevara tinham desertado e a polícia caíra na fazenda. Benigno explicou depois que saíra a nosso encontro com mantimentos e cruzara há três dias com Rolando; já estava ali há dois dias, mas não se atrevera a continuar, porque o Exército podia avançar pelo rio a qualquer momento, já que a avioneta vinha rondando há três dias. *El Negro* era testemunha ocular do ataque à fazenda por seis homens. Não estavam Antonio nem *El Coco*; este fora a Camiri buscar outro grupo de homens de Guevara e Antonio saíra em seguida para o avisar da deserção. Recebo uma extensa informação de Marcos (D. VIII), em que explica, à sua maneira, as suas andanças nesses últimos dias, assim como dois relatórios de Antonio, dando conta da situação (D. IX e X).

Estão agora na base *El Francês* (Régis Debray), *El Chino*, seus companheiros, *El Pelao*, Tânia e Moisés Guevara, com a primeira parte do grupo. Após devorarmos uma opípara ceia de arroz, peixe e gamo, Miguel saiu em busca de Joaquim, que ainda não chegara, e para localizar Chinchu (outro pseudônimo de Ricardo), mais uma vez atrasado. Voltou com Ricardo e pela madrugada se apresentou Joaquim, juntando-nos todos aqui.

20

Saímos às 10, em bom passo. Benigno e *El Negro* nos precederam com uma mensagem para Marcos, em que eu lhe ordenava que se encarregasse da defesa e deixasse as coisas administrativas a cargo de Antonio. Joaquim saiu depois de apagar as pegadas de entrada no riacho, mas sem se apurar muito. Traz três dos seus homens descalços. Às 13, quando fazíamos uma pausa, apareceu Pacho com uma mensagem de Marcos. A informação ampliava a anterior de Benigno, mas agora a situação estava mais complicada, pois os soldados tinham penetrado no caminho do valegrandino, em número de sessenta, e aprisionaram um dos nossos correios, Salústio, homem de Guevara (Moisés). Levaram-nos uma mula e perdemos o jipe. Não havia notícias de *El Loro*, que ficara de sentinela na cabana. Decidimos chegar, de qualquer modo, ao acampamento do Urso, como lhe chamamos agora, pelo fato de ter morto um desses animais. Mandamos Miguel e Urbano à frente para que preparasse comida para homens esfomeados, onde chegamos ao anoitecer. No acampamento estavam Danton, *El Pelao*, *El Chino*, além de Tânia e um grupo de bolivianos peritos para o serviço de *góndola*, trazendo mantimentos e retirando-se. Rolando foi enviado para organizar a retirada de tudo. Imperava um clima de derrota. Pouco depois chegou outro médico, um boliviano recém-incorporado, com uma mensagem para Rolando em que comunicava que Marcos e Antonio estavam na aguada e que fora ali ao seu encontro. Mandei responder pelo mesmo mensageiro que a guerra se ganha com tiros, que regressassem imediatamente ao acampamento e aí esperassem por mim. Tudo isso me dá uma impressão de caos terrível; não sabem o que fazer.

Falei preliminarmente com *El Chino*. Pede 5 mil dólares mensais durante dez meses e de Havana disseram-lhe que se entendesse comigo. Traz, além disso, uma mensagem que Arturo não conseguiu decifrar, por ser muito extensa. Disse-lhe que sim, em princípio, sujeito a que, no prazo de seis meses, aderisse à rebelião. Pensa fazê-lo com quinze homens, por ele chefiados, na zona de Ayacucho. Combinamos, além disso, que ele receberia agora cinco homens e mais quinze dentro de curto prazo, os quais lhe enviaria depois, devidamente armados e treinados em combate. Deverá enviar-me um par de transmissores de alcance médio (40 milhas) e trataremos de confeccionar uma cifra para nosso uso e para estar em contato permanente. Trouxe também uma série de informações de Rodolfo, que já estavam superadas. Sabe-se que *El Loro* apareceu e anunciou ter morto um soldado.

21

Passei o dia conversando e discutindo com *El Chino*, a fim de deixar esclarecidos alguns pontos com *El Francês*, Tânia e *El Pelao* (apelido de Maurício). *El Francês* trazia notícias já conhecidas sobre Monje, Kolle, Simón Reyes etc. Vinha para ficar, mas lhe pedi que voltasse à França para organizar uma rede de ajuda e, de caminho, passasse por Cuba, coisa que, aliás, coincide com seus desejos de casar e ter um filho de sua atual companheira. Deve escrever a Sartre e Bertrand Russell para que organizem uma subscrição internacional de ajuda ao movimento de libertação boliviano. Deve, além disso, falar com um amigo que se encarregará de organizar todos os pormenores da ajuda, fundamentalmente o fornecimento de remédios, dinheiro e equipamento eletrônico, este último acompanhado de um engenheiro do ramo.

El Pelao, segundo parece, está disposto a ficar às minhas ordens e eu lhe propus ser uma espécie de coordenador, por agora, no tocante apenas aos grupos de Jozami, Gelman e Stamponi, mandando-me cinco homens para que comecem o treinamento. Deve ir cumprimentar Maria Rosa Oliver e o velho. Entregarei a ele 500 pesos para mandar e mil para que se mexam. Se aceitarem, devem começar a ação de exploração no norte argentino e me mandar um relatório.

Tânia estabeleceu os contatos e os homens vieram, mas, segundo ela, teve de viajar em seu próprio jipe até aqui onde pensava ficar um dia, mas a coisa complicou-se. Jozami não pode ficar da primeira vez e da segunda nem sequer se fez o contato, por Tânia estar aqui. Refere-se a Ivan com muito desprezo; não sei o que haverá no fundo de tudo isso. Recebo a prestação de contas da irmã de Loyola até 9 de fevereiro (1.500 dólares) e informa sobre sua demissão da Diretoria da *Juventud*. Chegaram os informes de Ivan: um, sem interesse, com fotos, sobre uma academia militar, e outro, informando vários pontos também sem grande importância. O pior é que não se consegue decifrar o texto da mensagem (D. XIII). Recebe-se um relatório de Antonio (D. XII), no qual justifica sua atitude. Escutamos um noticiário radiofônico em que se anuncia um morto e logo depois o desmentido oficial, o que indica ser verdade a comunicação de *El Loro*.

22

... saímos deixando abandonado o acampamento... com alguma comida, precariamente guardada... Chegamos abaixo às 12. Constituímos uma coluna de 47 homens, incluindo os visitantes e tudo. (As reticências correspondem a palavras ilegíveis no original.)

Ao chegar, Inti me expôs uma série de faltas de respeito cometidas por Marcos; desta vez explodi e disse a Marcos que se tudo aquilo fosse verdade ele seria expulso da guerrilha, ao que respondeu que preferia morrer ali mesmo fuzilado.

Foi ordenada uma emboscada de cinco homens mais adiante, no rio, e uma exploração de três homens, liderados por Antonio, com Miguel e *El Loro*. Pacho subiu em observação à colina nua que domina a casa de Argañaraz, mas nada se observou. Os exploradores regressaram já noite e dei-lhes uma tremenda repreensão. Olo reagiu emocionalmente e negou as acusações. A reunião foi intempestiva e explosiva, não deixando bom saldo. Não ficou esclarecido o que Marcos dissera. Mandei buscar Rolando para solucionar definitivamente o problema dos incorporados, com seus números e distribuição, já que fomos mais de trinta os comensais a passar fome no centro.

23

Dia de acontecimentos guerreiros. Pombo queria organizar uma *góndola* até lá cima para recolher mercadorias, mas me opus até esclarecer a substituição de Marcos. Um pouco depois das 8 chegou *El Coco* em uma correria para anunciar que um destacamento do Exército caíra na emboscada. O resultado final, até agora, foi a captura de três morteiros de 60 mm, dezesseis Mausers, dois Bz, três Usis, um 30, dois rádios, botas etc., sete mortos, catorze prisioneiros ilesos e quatro feridos, mas não conseguimos apanhar mantimentos deles. Caiu em nossas mãos o plano de operações, que consiste em avançar por ambos os lados do Nacahuasu, estabelecendo-se o contato das duas colunas num ponto intermediário. Transferimos aceleradamente homens para o outro lado e coloquei Marcos, com quase toda a vanguarda, no final do caminho de avanço, enquanto o centro e a parte da retaguarda permanecem na defesa e Braulio organiza uma emboscada no final do outro caminho de avanço. Assim passaremos a noite, para ver se amanhã chegam os famosos *Rangers*. Um major e um capitão aprisionados falam como papagaios.

Deciframos a mensagem enviada por intermédio de *El Chino*. Fala da viagem de Debray, o envio de $ 60 mil, os pedidos de *El Chino* e uma explicação por que não escrevem a Ivan. Também recebo uma comunicação de Sanchez, na qual informa das possibilidades de estabelecer Mito em alguns pontos.

24

O total de equipamento capturado é o seguinte: dezesseis Mausers, três morteiros com 64 projéteis, dois Bz, 2 mil tiros de Mauser, três Usis com dois carregadores cada uma, uma 30 com duas cintas; há sete mortos e catorze prisioneiros, incluindo quatro feridos. Mando Marcos fazer uma exploração que não se realiza, mas os aviões bombardearam perto de nossa casa.

Mandei Inti falar pela última vez com os prisioneiros e pô-los em liberdade, despojando-os de todos os objetos ou peças de vestuário que nos sirvam, menos os dois oficiais, com quem se falou à parte e saíram com seus uniformes. Ao major foi dito que se dava o prazo até 27, ao meio-dia, para retirar seus mortos e lhes oferecemos uma trégua para a área de Lagunillas se ele ficasse por ali, mas respondeu que pediria demissão do Exército. O capitão informou que reingressara no Exército há um ano, a pedido de gente do partido, e que tinha um irmão estudando em Cuba; deu, além disso, o nome de outros oficiais dispostos a colaborar. Quando os aviões começaram o bombardeio, os dois levaram um susto enorme, assim como dois dos nossos homens o sofreram, Raul e Walter; este último também se acovardou na emboscada.

Marcos fez uma exploração sem encontrar nada pela sua zona. Nato e *El Coco* foram com a ressaca numa *góndola* para cima, mas tiveram de devolvê-los porque não queriam caminhar. Vou ter de afastá-los.

25

O dia decorreu sem novidades. Leon, Urbano e Arturo foram enviados a um posto de observação que domina as entradas do rio por ambos os lados. Às 12,

Marcos retirou-se de sua posição na emboscada e todos os homens ficaram concentrados na emboscada principal. Às 18h30, com quase todo o pessoal presente, fiz uma análise da viagem e de seu significado; expus os erros cometidos por Marcos, demitindo-o e nomeando Miguel para chefe da vanguarda. Ao mesmo tempo, anunciei o afastamento de Paco, Pepe, Chingolo e Eusébio, comunicando-lhes que não comerão se não trabalharem; suspendi-lhes o fumo e distribuí as coisas pessoais pelos outros companheiros mais necessitados. Referi-me ao projeto de Kolle, de vir aqui discutir comigo ao mesmo tempo que expulsavam os membros da *Juventud* que tinham aderido e estavam presentes; o que interessa são os fatos, as palavras que não concordam com os fatos não têm qualquer importância. Anunciei o reinício dos estudos. Falei com Pedro e *El Medico*, a quem anunciei a sua quase total graduação de guerrilheiro, e com Apolinar, a quem incentivei. A Walter fiz críticas, por ter afrouxado durante a viagem, por sua atitude em combate e pelo medo que mostrou dos aviões; não reagiu como eu esperava. Estudei detalhes com *El Chino* e *El Pelao*, e fiz uma ampla exposição oral sobre a situação a *El Francês*. No decorrer da reunião, deu-se ao grupo o nome de Exército de Libertação Nacional da Bolívia e desta será redigida uma ata.

26

Inti saiu muito cedo com Antonio, Raul e Pedro para pegarem uma vaca na zona de Cucha, mas encontraram tropas a três horas daqui e voltaram, ao que parece, sem serem notados. Informaram que os soldados tinham sentinelas postadas numa colina sem vegetação e uma casa de telhado brilhante de onde viram sair oito homens. Estão nas imediações do rio a que chamamos Yaki. Falei com Marcos e enviei-o à retaguarda; não creio que a sua conduta melhore muito. Fez-se uma pequena *góndola* e os turnos habituais de vigilância; do observatório sobranceiro à casa de Argañaraz, viram-se trinta a quarenta soldados e aterrissou um helicóptero.

27

Hoje explodiram as notícias, ocupando as emissões radiofônicas e fazendo chover uma multidão de comunicados, incluindo uma conferência de imprensa de Barrientos. O comunicado oficial inclui um morto mais do que nossas contas e explica que tínhamos capturado feridos, mas que os fuzilamos! Atribui às nossas forças nada mais nada menos do que quinze mortos, quatro prisioneiros, sendo dois estrangeiros, mas também fala de um estrangeiro que se suicidou e, o mais importante, descreve a composição da guerrilha. É evidente que os desertores ou o prisioneiro falaram, só que não é possível saber exatamente quanto disseram e como o disseram. Tudo parece indicar que Tânia está marcada, com o que se perdem dois anos de bom e paciente trabalho. A saída de gente está agora muito difícil; deti-me à impressão de que Danton não achou nenhuma graça nisso, quando lhe disse que o trânsito para fora da área era problemático. Veremos no futuro. Benigno, *El Loro* e Júlio saíram para descobrir um caminho até Pirirenda; devem tardar dois ou três dias e levam instruções para chegar a Pirirenda sem serem vistos, a fim de se preparar em seguida uma expedição a Gutiérrez. O avião de reconhecimento lançou uns paraquedas que nosso vigia informou terem caído num terreno de caça; enviei Antonio e mais dois para investigar e tratar de fazer prisioneiros, mas não encontraram nada.

Pela noite tivemos uma reunião de Estado-Maior, na qual fizemos os planos para os próximos dias. Fazer amanhã uma viagem à nossa cabana para trazer milho, depois outra para as compras em Gutiérrez e, por fim, um pequeno ataque de diversão que pode ser no monte entre Pincal e Lagunilla aos veículos que por aí transitam.

Foi elaborado o Comunicado nº 1, que faremos chegar às mãos dos jornalistas de Camiri (D. XVII).

28

O rádio continua saturado de notícias acerca das guerrilhas. Estamos rodeados por 2 mil homens num raio de 120 quilômetros e o cerco vem se fechando, conjugado com bombardeios de napalm. Tivemos umas dez-quinze baixas. Mandei Braulio, à frente de nove homens, para tratar de carregar mais milho. Voltaram à noite com um rosário de notícias desvairadas: (1º) *El Coco*, que saíra antes para nos avisar, desapareceu; (2º) às 16 horas chegaram à fazenda; verificaram que o esconderijo foi revistado, mas se separaram para começar a recolher o cereal, quando apareceram sete homens da Cruz Vermelha, dois médicos e vários militares sem armas. Fizeram-nos prisioneiros, dizendo que a trégua já terminara, mas os autorizaram depois a seguir; (3º) chega um caminhão carregado de soldados e, em lugar de atirarem, nos fazem dizer que se retirem; (4º) disciplinadamente, os soldados se retiram e os nossos acompanham os homens do corpo de saúde até onde se encontram os cadáveres putrefatos, mas não podem carregá-los e dizem que virão amanhã para os queimar. Confiscam dois cavalos de Argañaraz e voltam, ficando Antonio, *El Rubio* e Aniceto onde os animais não podiam avançar. Quando fomos procurar *El Coco*, este apareceu; parece que caíra adormecido.

Ainda não há notícias de Benigno.

El Francês expôs com excessiva veemência até que ponto seria útil fora daqui.

29

Dia de pouca ação, mas de extraordinária mobilidade nas notícias; o Exército fornece amplas informações que, se forem certas, podem ser para nós de muito valor. A Rádio Havana já deu a notícia e o governo anuncia que apoiará a ação da Venezuela, apresentando o caso de Cuba na OEA. Entre as notícias há uma que me preocupa: a de que houve um conflito na Quebrada de Tiraboy, morrendo muitos guerrilheiros. Por aí vai-se a Pirirenda, o ponto que devia ser explorado por Benigno; devia estar de volta, sem que o tenha feito. Tinham ordem para não passar pela quebrada, mas nestes últimos dias não têm sido cumpridas, reiteradamente, as ordens que dou.

Guevara está progredindo muito lentamente em seu trabalho: entregamos a ele dinamite, mas não puderam efetuar qualquer explosão durante todo o dia. Matamos um cavalo e comemos a carne generosamente, embora tenha de durar quatro dias; trataremos de arranjar um jeito de trazerem o outro até aqui, embora pareça difícil. A julgar pelas aves de rapina, os cadáveres não foram ainda queimados. Assim que esteja concluído o novo esconderijo, poderemos nos transferir deste acampamento, que já começa a ser incômodo e conhecido demais. Comuniquei a Alejandro que ficaria aqui com *El Medico* e Joaquim (provavelmente no acampamento do Urso). Rolando também está muito fatigado.

Falei com Urbano e Tuma; com este último não pude sequer me fazer entender sobre a origem das minhas críticas.

30

Tudo volta à tranquilidade: no meio da manhã aparecem Benigno e seus companheiros. Efetivamente, tinham transitado pela Quebrada de Tiraboy, mas só encontraram vestígios de passagem de duas pessoas. Chegaram ao lugar de destino, embora tenham sido vistos por camponeses, e regressaram. A informação destaca que são necessárias umas quatro horas para chegar a Pirirenda e que, aparentemente, não há perigo. A aviação metralhou constantemente nossa cabana.

Mandei Antonio com dois companheiros explorarem o rio a montante e a informação é de que os guardas permanecem estáticos, embora haja pegadas de uma ronda de exploração pelo rio. Cavaram trincheiras.

Chegou a égua que faltava, de maneira que, no pior dos casos, teremos carne para mais quatro dias. Amanhã descansaremos e, depois de amanhã, a vanguarda sairá para as duas próximas operações: tomar Gutiérrez e organizar uma emboscada no percurso entre a fazenda de Argañaraz e Lagunilla.

31

Sem grandes novidades. Guevara anunciou para amanhã a conclusão do novo esconderijo. Inti e Ricardo comunicaram que os soldados voltaram a tomar a nossa fazenda, após uma preparação de artilharia (morteiros), aviação etc. Isso prejudica os nossos planos de avançar sobre Pirirenda para nos reabastecermos; não obstante, dei ordens a Manuel para avançar com seu grupo até à cabana. Se ela estiver vazia, ocupá-la e mandar dois homens me avisar, para que nos mobilizemos depois de amanhã; se ela estiver ocupada e não se puder fazer um ataque de surpresa, regressar e explorar a possibilidade de flanquear Argañaraz, para lhes fazer uma emboscada entre Pincal e Lagunillas. O rádio continua com palavreado gratuito e sucedem-se os comunicados e notícias oficiosos de combates. Mas fixaram nossa posição com exatidão absoluta entre o Yaki e o Nacahuasu, e temo que preparem algum movimento abrangente. Falei com Benigno sobre o seu erro em não ter ido nos buscar e expliquei-lhe a situação de Marcos, que reagiu bem. À noite, falei com *El Loro* e Aniceto. A conversa foi muito ruim; *El Loro* chegou a dizer que estávamos desbaratados e quando lhe pedi que se explicasse, deixou isso para Marcos e Benigno. Aniceto solidarizou-se com ele, mas depois confessou a *El Coco* que tinham sido cúmplices em um roubo de latas de conserva e a Inti que não se solidarizava com as expressões de *El Loro* sobre Benigno, nem com a "decomposição geral da guerrilha", como disse a Pombo.

ANÁLISE DO MÊS

Este mês está repleto de acontecimentos, mas o panorama geral se apresenta com as seguintes características: etapa de consolidação e depuração da guerrilha, cabalmente realizada: uma etapa mais lenta de progresso, com a incorporação de alguns elementos provenientes de Cuba que não parecem ruins, e os de Moisés Guevara que, no plano geral, são fracos (já deram dois desertores, um prisioneiro "falador", três covardes que abandonaram a luta e dois "frouxos"); etapa de início da luta, caracterizada por um golpe preciso e espetacular, mas matizada de indecisões grosseiras, antes e depois da proeza (retirada de Marcos, ação de Braulio): etapa de preparação da contraofensiva inimiga caracterizada até agora por: a) tendência a estabelecer controles que nos isolem; b) gritaria para obterem repercussões em nível nacional e internacional; c) ineficácia total, até agora; e d) mobilização campesina.

Evidentemente, teremos de iniciar a marcha antes do que eu pensava e, o pior, nos moveremos deixando um grupo para trás com o lastro de quatro possíveis delatores. A situação não é boa, mas agora começa outra fase de prova para a guerrilha, que lhe fará muito bem quando superá-la.

Composição: Chefe da vanguarda: Miguel; Benigno, Pacho, *El Loro*, Aniceto, *El Camba*, *El Coco*, Dario, Júlio, Pablo, Raul. Chefe da retaguarda: Joaquim; subchefe: Braulio; *El Rubio*, Marcos, Pedro, *El Medico*, *El Polo*, Walter, Victor (Pepe, Paco, Eusébio, Chingolo).

Centro: Eu, Alejandro, Rolando, Inti, Pombo, Nato, Tuma, Urbano, Moro, *El Negro*, Ricardo, Arturo, Eustáquio, Guevara, Willy, Luís, Antonio, León (Tânia, *El Pelao*, Dantón, *El Chino* – visitantes), (Serapio, refugiado).

CAPÍTULO 7

Abril

1

A VANGUARDA PARTIU às 7, com bastante atraso. Falta *El Camba*, que não regressou de sua expedição com Nato para esconder as armas na cova do Urso. Às 10h30 Tuma chegou do posto de observação, avisando que vira três ou quatro soldados no campo de caça. Ocupamos as posições e Walter, postado de vigia, avisou que tinha visto três e um burro ou mula em que colocaram qualquer coisa; me mostrou, mas eu nada vi. Às 16 horas me retirei julgando que, em todo o caso, já não era necessário permanecer, pois não atacariam, mas parece-me que foi uma ilusão de ótica de Walter. Decidi evacuar tudo amanhã mesmo e que Rolando se encarregasse da retaguarda, na ausência de Joaquim. Nato e *El Camba* chegaram às 21 horas, deixando tudo guardado nos esconderijos, menos uma ração para os seis que ficaram. São eles: Joaquim, Alejandro, Moro, Sarapio, Eustáquio e *El Polo*. Os três cubanos protestando. Matamos a outra égua para deixar charque para os seis. Às 23 horas chegou Antonio com a notícia de que tudo correra sem novidade, e trazendo um saco de milho. Às 4 da madrugada saiu Rolando, com o contrapeso dos quatro "frouxos" (Chingolo, Eusébio, Paco e Pepe). Pepe quis que lhe déssemos uma arma e que ficaria. *El Camba* foi com ele. Às 5 chegou *El Coco* com uma nova mensagem, indicando que tinham uma vaca e nos esperavam. Indiquei-lhe como ponto de reunião o riacho que sai monte abaixo da fazenda, depois de amanhã ao meio-dia.

2

A incrível quantidade de coisas acumuladas fez que dedicássemos todo o dia a guardá-las nos respectivos esconderijos, terminando a mudança às 17 horas.

Mantivemos uma ronda de quatro sentinelas, mas o dia transcorreu numa calmaria tensa; nem mesmo os aviões sobrevoaram a zona. Os comentários radiofônicos falam de "estreitamento do cerco" e que os guerrilheiros se preparam para a defesa no vale de Nacahuasu; informam que Don Remberto está preso e que vendeu a fazenda a *El Coco*.

Devido ao adiantado da hora, decidimos não sair hoje, mas às 3 da madrugada e ganhar o dia, indo diretamente pelo Nacahuasu, apesar do controle ser por trás. Falei com Moro, explicando-lhe que não o nomeara para o grupo dos melhores porque tinha certas fraquezas com a comida e algumas tendências para exasperar os companheiros com suas piadas. Conversamos algum tempo sobre isso.

3

O programa foi cumprido sem inconvenientes: saímos às 3h30 e caminhamos lentamente até passar o cotovelo do atalho, às 6h30; chegamos ao limite da fazenda às 8h30. Quando passamos diante da emboscada, dos corpos dos sete cadáveres restavam apenas os esqueletos perfeitamente limpos, nos quais os urubus tinham exercido sua função com toda a habilidade. Mandei dois homens (Urbano e Nato) estabelecer contato com Rolando e, à tarde, nos transferimos para a Quebrada de Tiraboy, onde dormimos sobre uma refeição de carne bovina e milho. Falei com Danton e Carlos, expondo-lhes três alternativas: continuarem conosco, saírem sozinhos para Gutiérrez, com seus homens e, a partir dali, tentarem a sorte da melhor maneira que pudessem; escolheram a última. Amanhã provaremos a nossa sorte.

6

Dia de grande tensão. Às 4 horas atravessamos o rio Nacahuasu e ficamos à espera do romper do dia para caminhar; Miguel começou imediatamente a explorar o terreno, mas teve de voltar duas vezes, devido a equívocos que nos colocavam demasiado perto dos guardas. Às 8, Rolando informou que uma dezena de soldados estava diante da quebrada por onde acabávamos de passar. Avançamos lentamente, e às 11 já estávamos fora de perigo, num terreno firme e de vegetação densa. Rolando informa que já eram mais de cem os que se tinham postado na quebrada. À noite, quando ainda não tínhamos chegado ao riacho, ouviram-se vozes de vaqueiros no rio. Saímos ao seu encontro e apanhamos quatro camponeses com uma pequena manada de vacas pertencentes a Argañaraz. Traziam um salvo-conduto do Exército para transportar doze reses; algumas já tinham passado ao largo e não foi possível recolhê-las. Deixamos duas vacas para nós e as tocamos pelo rio, até nosso riacho. Os quatro civis eram o negociante e seu filho, um camponês de Chuquisaca e outro de Camiri, que se mostrou muito receptivo e a quem demos o documento, prometendo divulgá-lo. Nós o retivemos um pedaço e depois os soltamos, com o pedido de que não dissessem nada, o que eles prometeram.

Passamos a noite comendo.

7

Internamo-nos riacho adentro, levando a vaca sobrevivente, tendo sido a outra sacrificada para fazer charque. Rolando ficou na emboscada do rio, com ordem de atirar no que aparecesse. Nada aconteceu durante o dia. Benigno e *El Camba* seguiram pela pista que deve nos levar a Pirirenda e informaram ter ouvido como que o motor de uma serração de madeira, numa garganta vizinha do nosso riacho. Enviei Urbano e Júlio com uma mensagem para Joaquim e não regressaram durante o dia.

8

Dia de poucas novidades. Benigno foi e voltou a seu trabalho sem que o tivesse terminado e acha que também não o concluirá amanhã. Miguel partiu para localizar uma garganta que Benigno vira do alto e não regressou ainda. Urbano e Júlio voltaram com *El Polo*. Os soldados tomaram o acampamento e fazem batidas pelas colinas em redor. Joaquim informa sobre esses e outros problemas no documento anexo (D. XIX).

Tínhamos três vacas, com seus bezerros, mas uma escapou. Restam-nos quatro animais, dos quais abateremos um ou dois para charquear, com o sal que nos sobra.

9

El Polo, Luís e Willy saíram com a missão de entregar uma nota a Joaquim e ajudá-los a voltar, para que se coloquem em algum esconderijo, a montante do riacho, que Nato e Guevara se encarregarão de esconder. Segundo Nato, há bons lugares, embora um pouco próximos do riacho e a uma hora, aproximadamente, de nosso ponto atual. Miguel chegou: segundo sua exploração, a garganta vai sair em Pirirenda e leva-se um dia para percorrê-la com mochila, razão por que mandei suspender o que Benigno estava fazendo, pois necessitaria ainda de mais outro dia.

10

Amanheceu, e a manhã decorria com poucos acontecimentos, enquanto nos preparávamos para deixar o curso do riacho e cruzar a garganta descoberta por Miguel até Pirirenda, via Gutiérrez. A meio da manhã chegou *El Negro* muito agitado, avisando que vinham quinze soldados rio abaixo. Inti foi avisar Rolando, na emboscada. Não havia outra coisa a fazer senão esperar e assim se fez; mandei Tuma se preparar para servir de estafeta, mantendo-me informado. Chegaram as primeiras notícias, com um saldo desagradável: *El Rubio*, Jesús Suárez Gayol, estava gravemente ferido. E morto chegou ao nosso acampamento, com uma bala na cabeça. A coisa sucedeu assim: a emboscada compunha-se de oito homens da retaguarda, um reforço de três da vanguarda, distribuídos por ambas as margens do rio. Ao informar a chegada dos quinze soldados, Inti passou por onde estava *El Rubio* e observou que ele estava em péssima posição, pois era claramente visível a quem viesse do lado do rio. Os soldados avançavam sem grandes precauções, mas explorando as margens em busca de pistas e se internaram por uma delas, dando com Braulio ou Pedro, antes de penetrarem na emboscada. O tiroteio durou alguns segundos, ficando no terreno um morto e três feridos, mais seis prisioneiros; daí a instantes caiu também um suboficial e escaparam quatro soldados que o acompanhavam. Junto de um ferido encontraram *El Rubio* agonizante; seu Garand estava travado, e uma granada, com a espoleta solta, mas sem explodir, encontrava-se a seu lado. Não foi possível interrogar o prisioneiro, dado seu estado de gravidade, morrendo instantes depois, assim como o tenente que os comandava.

Do interrogatório dos prisioneiros deduz-se o seguinte panorama: esses quinze homens pertencem a uma companhia que era a que estava a montante do Nacahuasu; atravessara pela garganta, recolhera as ossadas e tomara o acampamento. Segundo os soldados, nada tinham encontrado, embora o rádio fale de fotos e documentos ali apreendidos. A companhia era formada por cem homens, dos quais quinze foram acompanhar um grupo de jornalistas de visita ao nosso acampamento, e estes quinze tinham saído com a missão de explorar os arredores, voltando às 17 horas. O grosso do destacamento está acantonado em Pincal. Em Lagunillas estão uns trinta e supõe-se que o grupo que andou por Piraboy tenha sido retirado de Gutiérrez. Contaram a odisseia desse grupo, perdido nas montanhas e sem água, pelo que foi preciso que uma coluna de socorro fosse resgatá-lo; calculando que os fugitivos chegariam tarde, resolvi deixar montada a emboscada, que Rolando avançara uns 500 metros, mas contando agora com o reforço de toda a vanguarda. À primeira vista, achara aconselhável ordenar o recuo tático dos homens postados em posições mais avançadas, mas, depois, me pareceu mais lógico deixá-los onde estão. Por volta das 17 horas chega a notícia de que o Exército avança com grandes efetivos. Agora só nos cabe esperar. Envio Pombo para que me dê uma ideia clara da situação. Ouvem-se disparos isolados por algum tempo e em seguida regressa Pombo, anunciando, alvoroçado, que eles voltaram a cair na emboscada, com vários mortos e um major prisioneiro.

Desta vez, as coisas ocorreram assim: avançaram em linha aberta pelo rio, mas sem maiores precauções, e a surpresa foi completa. Tiveram sete mortos, cinco feridos e um total de 22 prisioneiros. O saldo é: (total) (não o pude por falta de dados).

11

Pela manhã iniciamos o transporte de todo o equipamento apreendido e enterramos *El Rubio* numa pequena cova à flor da terra, dada a falta de materiais. Deixei Inti com a retaguarda, para escoltar os prisioneiros e pô-los em liberdade, além de ir buscar mais armas capturadas. O único resultado da busca foi fazer dois novos prisioneiros, com seus componentes Garands. Entregaram-se dois exemplares do Comunicado nº 1 ao major, com o compromisso de fazê-los chegar aos jornalistas. O total de baixas discrimina-se: dez mortos, entre os quais dois tenentes, trinta prisioneiros, um major e alguns suboficiais, o resto soldados. Um dos feridos é do primeiro combate e os restantes do segundo. Fazem parte da 4ª Divisão, mas com elementos de vários regimentos misturados; há *rangers*, paraquedistas e soldados da zona, quase meninos.

Só à tarde concluímos o transporte e localizamos o esconderijo para deixar todo o material, mas ainda sem o adicionar. No último trecho espantaram as vacas e ficamos apenas com um bezerro, nada mais. Cedo, no momento de chegar ao novo acampamento, encontramos com Joaquim e Alejandro, que desciam com sua gente. Do relato se depreende que os soldados vistos não passavam de fantasia de Eustáquio, e a transferência para aqui foi um esforço perfeitamente inútil. O rádio noticiou "um novo e sangrento choque" e fala de nove mortos do Exército e quatro "comprovados" dos nossos. Um jornalista chileno fez uma descrição pormenorizada de nosso acampamento e descobriu uma foto minha, sem barba e de cachimbo. Teria de investigar melhor como foi obtida essa foto. Não há provas de que o esconderijo superior tenha sido localizado, embora alguns indícios nos façam suspeitar.

12

Às 6h30 reuni os combatentes, menos os quatro da ressaca, para prestar uma pequena homenagem a *El Rubio* e salientar que o primeiro sangue derramado foi cubano. Quis assim fazer abortar uma tendência observada na vanguarda para menosprezarem os cubanos e que cristalizara ontem ao manifestar *El Camba* que cada vez confiava menos nos cubanos, por causa de um incidente com Ricardo. Fiz um apelo à integração total, como única possibilidade de desenvolvermos nosso Exército, que aumenta seu poder de fogo e tempera-se nos combates, mas não vê aumentar seus efetivos, ao contrário, diminuiu nos últimos dias. Depois de guardarmos todos os despojos do inimigo num esconderijo bem acondicionado por Nato, reiniciamos a marcha a passo lento. Tão lento que quase não avançamos, tendo de fazer alto para dormir numa pequena aguada, mal iniciada a marcha.

Agora os mortos confirmados pelo Exército são onze; parece que encontraram outro ou morreu um dos feridos. Dei início a um cursinho sobre o livro de Debray. Deciframos parte de uma mensagem que não me pareceu muito importante.

13

Dividimos o grupo em duas colunas para poder caminhar mais depressa; apesar de tudo, progredimos lentamente, chegando às 16 horas ao acampamento e os últimos às 18h30. Miguel já aí chegara pela manhã, nenhum dos esconderijos foi descoberto e em nada se tocou; permanecem intactas as bancas, as cozinhas, o forno e as sementeiras. Aniceto e Raul saíram em exploração, mas não a fizeram bem e amanhã devem insistir, chegando até o rio Iquiri. Os norte-americanos anunciaram que o envio de assessores militares para a Bolívia nada tem a ver com as guerrilhas e é em cumprimento de um programa anterior. Talvez estejamos assistindo ao primeiro episódio de um novo Vietnã.

14

Dia monótono. Trazem-se algumas coisas do esconderijo dos doentes, o que nos proporciona comida para cinco dias. Da cova superior trazem-se latas de leite, descobrindo-se que faltam 23 latas, de maneira inexplicável, porquanto *El Moro* deixara 48 e ninguém teve tempo de retirá-los. O leite é um dos nossos motivos de perversão. Do esconderijo especial retiramos um morteiro e uma metralhadora para reforçar a posição até à chegada de Joaquim. Não está decidido como desencadear a operação, mas me parece que o mais indicado é sairmos todos e atuar um pouco na zona de Muyupampa, retrocedendo imediatamente para o norte. Se fosse possível, ficariam Dantón e Carlos, para penetrarem na direção de Sucre-Cochabamba, segundo as circunstâncias. Escrevo o Comunicado nº 2, para o povo boliviano, e o Relatório nº 4 para Manila, que deverá ser levado por *El Francês* (D. XXI).

15

Joaquim chegou com a retaguarda e resolvemos sair amanhã. Informou que tinham sobrevoado a zona e bombardeavam os montes com artilharia pesada. O dia decorreu sem novidades. Completou-se o armamento do grupo, tendo a metralhadora 30 sido entregue à retaguarda (Marcos). À noite anunciei a viagem e mencionei o desaparecimento das latas de leite, fazendo uma severa advertência. Deciframos parte de uma extensa mensagem de Cuba; em síntese, Lechín já sabe onde me encontro e vai redigir uma declaração de apoio, regressando clandestinamente ao país dentro de vinte dias. Escrevo uma nota a Fidel (nº 4), informando-o dos últimos acontecimentos. Vai cifrada e em escrita invisível.

16

A vanguarda saiu às 6h15 e nós, às 7h15, caminhando bem até ao rio Iquiri, mas Tânia e Alejandro se atrasaram. Quando lhes tomei a temperatura, Tânia estava com mais de 39° e Alejandro com 38°. O atraso nos impedia de avançar como fora programado. Deixamos os dois, acompanhados de *El Negro* e Serapio, um quilômetro acima do Iquiri e seguimos pelo vale denominado Bella Vista, onde encontramos quatro camponeses que nos venderam batatas, um porco e milho. São camponeses pobres e estão muito assustados com a nossa presença aqui. Passamos a noite cozinhando e comendo e não nos movemos, esperando a madrugada para chegar a Tikucha sem sermos observados.

17

Foram variando as notícias e, com elas, as decisões. Tikucha é um desperdício de tempo, segundo os camponeses; já existe caminho direto até Muyupampa (Vaca Guzmán), que é o mais curto e cujo trecho final permite a passagem de veículos; decidimos ir a Muyupampa, após muitas hesitações da minha parte. Mandei buscar os quatro atrasados, para que ficassem com Joaquim e ordenei a este que fizesse uma demonstração pela zona, a fim de impedir um movimento excessivo, e nos esperasse durante três dias; terminado o prazo, deveria permanecer na zona, mas sem combater frontalmente, aguardando nosso regresso. À noite soube-se que um dos filhos de um camponês tinha desaparecido e podia ter ido dar o alerta; mas decidimos partir, apesar de tudo, para que *El Francês* e Carlos saiam daqui. Ao grupo dos atrasados se juntou Moisés, que tem de ficar, devido a uma forte cólica biliar.

Eis o esquema da nossa situação: regressando pelo mesmo caminho nos expomos a defrontar com o Exército, alertado em Lagunillas, ou com alguma coluna que viesse para Tikucha, mas temos de fazê-lo, para não perder contato com a retaguarda. Saímos às 22h, caminhando com pausas até às 4h30, quando paramos para dormir um pouco. Avançamos 10 quilômetros. De todos os camponeses que vimos, há um, Simón, que se mostra prestável, embora com medo de colaborar, e um outro, Vides, que pode ser perigoso; é o "rico" da zona. Além disso, convém não esquecer que o filho de Carlos Rodas desapareceu e pode ser um delator (embora sob a influência de Vides, que é o maioral econômico da zona).

18

Prosseguimos a marcha até de madrugada, dormitando horas antes do alvorecer, com um frio considerável. Pela manhã, a vanguarda partiu em exploração, encontrando uma casa de guaranis que deram muito poucas informações. Nossa sentinela deteve um cavaleiro, que afinal era um outro filho de Carlos Rodas e que ia para Yakunday, o qual fizemos prisioneiro. Caminhamos lentamente e só às 3 horas pudemos chegar a Matagal, casa de A. Padilla, irmão pobre de outro Padilla que vive a uma légua dali e por cuja casa passamos. O homem tinha medo e se esforçou por todos os meios a nos convencer a partir; mas, para cúmulo de azar, começou a chover a cântaros e tivemos de nos refugiar em sua casa.

19

Permanecemos todo o dia no lugar, detendo os camponeses que passavam nas duas direções do cruzamento, com o que conseguimos vasto sortido de prisioneiros. Às 13 horas, a sentinela nos trouxe um "presente de grego": um jornalista inglês, chamado Roth, que andava no nosso encalço e chegou trazido por uns garotos de Lagunillas. Os documentos estavam em ordem, mas havia coisas suspeitas: no passaporte, a profissão de estudante fora riscada e substituída pela de jornalista (na realidade, diz ser fotógrafo); tem um visto de Porto Rico e depois confessou ter sido professor de espanhol, quando insistimos em saber como estava em seu poder um cartão do organizador de um grupo expedicionário em Buenos Aires. Lecionara para alunos desse grupo que não conheciam o idioma. Contou, então, que estivera no acampamento e que tinham-lhe mostrado um diário esquecido por Braulio, onde este contava suas experiências e viagens. A mesma história de sempre: a indisciplina e a irresponsabilidade dominando tudo. Por informações dos garotos que guiaram o jornalista, soube-se que na mesma noite de nossa chegada ali a notícia foi conhecida em Lagunillas, graças à denúncia de alguém. Apertamos o filho de Rodas que confessou que seu irmão e um peão de Vides tinham ido a Lagunillas para receber a recompensa que varia entre $500 e $1.000. Em represália confiscamos o cavalo dele e informamos os camponeses detidos.

El Francês pediu que se propusesse ao inglês que, como prova de sua boa-fé, ajudasse a tirá-los dali; Carlos aceitou de má vontade e eu lavei as mãos. Chegamos a... às 21 horas e prosseguimos viagem rumo a Muyupampa, onde, segundo informações dos camponeses, tudo estava tranquilo. O inglês aceitou as condições que Inti lhe propôs, incluindo um pequeno relato que eu redigi, e às 23h45, após aperto de mão aos que saíam, iniciou-se a marcha para a tomada da povoação, ficando eu com Pombo, Tuma e Urbano. O frio era muito intenso e fizemos uma pequena fogueira. À 1 chegou Nato para informar que a povoação se encontrava em estado de alerta, com tropas do Exército acantonadas, em número de vinte homens, além de patrulhas de autodefesa; uma destas, com dois M-3 e dois revólveres, surpreendeu nossa guarda avançada, mas se entregou sem combate. Pediram-me instruções e respondi que se retirassem, devido ao avançado da hora, deixando o jornalista inglês, e que *El Francês* e Carlos tomassem a decisão que considerassem mais conveniente. Às 4 iniciamos o regresso, sem ter atingido nosso objetivo, mas Carlos decidiu ficar e *El Francês* acompanhou-o, desta vez de má vontade.

20

Chegamos cerca de 7 horas à casa de Nemecio Caraballo, a quem tínhamos encontrado à noite e que nos oferecera um café. O homem fora-se embora, deixando a casa com chave e apenas uns empregados atemorizados. Organizamos a refeição ali mesmo, comprando aos peões milho e abobrinhas. Por volta das 13 horas apareceu uma camioneta agitando uma bandeira branca e na qual vinham o subprefeito, o médico e o padre de Muyupampa, este último alemão. Inti falou com eles. Afirmavam vir em missão de paz, mas paz numa base nacional, para a qual se ofereciam como intermediários; Inti, em resposta, ofereceu paz para Muyupampa, na base de uma lista de mercadorias que eles deveriam nos entregar até às 18h30, coisa que não se comprometeram a fazer pois, segundo eles, o Exército tinha o controle da povoação. Pediram a ampliação do prazo até às 6 horas da manhã, o que não aceitamos. Em sinal de boa vontade trouxeram dois maços de cigarros e a notícia de que os três estrangeiros tinham sido presos em Muyupampa e dois estavam comprometidos por terem documentos falsos. Más perspectivas para Carlos; Dantón deve sair-se bem.

Às 17h30 vieram três AT-6 e bombardearam a casa onde cozinhávamos. Uma bomba caiu a 15 metros e feriu levemente Ricardo com um estilhaço. Foi a resposta do Exército. É preciso ler as ordens do dia para compreender a total desmoralização dos soldados que, segundo declararam os emissários, estão completamente apavorados. Saímos às 23h30 com dois cavalos, o confiscado e o do jornalista. Caminhamos até à 1h30, em direção a Tikucha. Pausa para dormir.

21

Caminhamos pouco, até a casa de Raso Carrasco, que nos atendeu muito bem, nos vendendo o necessário. À noite, progredimos até o cruzamento da estrada Muyupampa-Monteagudo, num lugar chamado Taperillas. A ideia era acampar numa aguada e fazer uma exploração, para situar a próxima emboscada. Existia uma razão adicional, que foi a notícia dada pelo rádio da morte de três mercenários, um francês, um inglês e um argentino. Essa incerteza tem de ser esclarecida, para que nos sirva de advertência e exemplo especial.

Antes de jantar, passamos pela casa do veterano Rodas, que era padrasto de Vargas, o morto de Nacahuasu: demos-lhe uma explicação que pareceu satisfazê-lo. A vanguarda não entendeu bem e prosseguiu caminho, despertando uns cães que ladraram furiosamente.

22

Os erros começaram logo de manhã: Rolando, Miguel e Antonio foram explorar os arredores para organizar uma emboscada, assim que retrocedemos e nos internamos no monte, mas surpreenderam uma camioneta de IP 38, que analisava o nosso rastro enquanto o camponês os informava da nossa presença noturna, e resolveram se apressar. Isso apressou os planos, mas resolvemos nos emboscar durante o dia e capturar os caminhões que passassem com mercadorias. Se o Exército viesse também nos encontraria de tocaia. Foi capturado um caminhão com alguns mantimentos, uma quantidade considerável de bananas e numerosos camponeses, mas deixaram passar outro que vinha seguindo o rastro e, sobretudo, outro caminhão do Serviço de Minas. A comida, com a tentação do pão oferecido, que não chegava, nunca nos fez demorar tanto. A minha intenção era carregar o caminhão das Minas com todos os comestíveis e avançar com a vanguarda até a encruzilhada de Tikucha, a 4 quilômetros. Antes do anoitecer, o avião de reconhecimento começou a sobrevoar nossa posição e o ladrar dos cães nas casas vizinhas se tornou mais insistente. Às 20 horas estávamos prontos para partir, apesar das evidentes provas de que nossa presença fora localizada, quando começou um breve tiroteio e logo se ouviram vozes nos intimando à rendição. Estávamos todos desprevenidos e não fazia ideia do que se passava; felizmente, os nossos haveres e as mercadorias estavam na camioneta. Dentro de pouco as coisas começaram a se organizar; faltava apenas *El Loro*, mas tudo indicava que, até agora, nada lhe acontecera, pois o choque foi com Ricardo, que surpreendeu o guia dos guardas quando atingiram a crista da colina para nos flanquearem; pode ser que o guia tenha sido atingido. Saímos com a camioneta e todos os cavalos disponíveis, num total de seis, alternando os homens a pé e a cavalo, para acabarem todos na camioneta e os seis da vanguarda montados. Chegamos a Tikucha às 3h30 e à pousada, propriedade do cura, às 6h30, depois de atolarmos num lodaçal. O balanço desta ação é negativo: indisciplina e imprevisão, por um lado, a perda de um homem (embora espere que seja provisória), por outro; mercadorias que pagamos e não levamos; e, por último, a perda de um maço de dólares que caiu da bolsa de Pombo, são os resultados da ação, sem contar o fato de que nos surpreendeu e pôs em retirada um grupo que por certo seria reduzido. Falta ainda muito para fazer disto uma força combatente, conquanto o moral seja agora elevado.

23

Foi declarado dia de repouso e decorreu sem novidade. Ao meio-dia, a avioneta (AT-6) sobrevoou a zona; reforçamos as sentinelas, mas não houve movimentos suspeitos. À noite foram dadas as instruções para amanhã. Benigno e Aniceto irão buscar Joaquim, quatro dias; *El Coco* e *El Camba* explorarão o caminho para o rio Grande e prepararão uma pista que seja praticável, quatro dias; permaneceremos perto do milharal, na expectativa de que o Exército apareça até a incorporação de Joaquim, que recebe instruções para vir com todos os homens e só deixar algum enfermo.

Subsiste a incógnita sobre Dantón, *El Pelao* e o jornalista inglês: há censura de imprensa e anunciaram outro choque, em que há três a cinco prisioneiros.

24

Saíram os exploradores. Colocamo-nos a um quilômetro do riacho, numa pequena colina a montante: a observação domina até a casa do último camponês, uns 500 metros antes da fazenda do padre (em cujas plantações encontramos uma sementeira de marijuana); o camponês apareceu novamente e andou bisbilhotando; pela tarde, um AT-6 lançou duas rajadas contra a casa. Pacho desapareceu misteriosamente; estava doente e ficou para trás; Antonio indicou-lhe o caminho e foi na direção onde devia chegar em cinco horas, mas não regressou; amanhã o procuraremos.

25

Dia negro. Por volta das 10 da manhã, Pombo desceu do observatório anunciando que trinta guardas avançavam rumo à nossa cabana. Antonio ficou no observatório. Enquanto nos preparávamos, chegou com a notícia de que eram sessenta homens e prosseguiam no seu avanço. O observatório revelava-se ineficaz para sua finalidade de avisar com antecipação. Resolvemos improvisar uma emboscada no caminho de acesso ao acampamento; à pressa escolhemos uma pequena reta que margeava o riacho, com uma visibilidade de 50 metros. Aí me coloquei com Urbano e Miguel, com o fuzil automático; *El Médico*, Arturo e Raul ocupavam a posição da direita para impedir toda tentativa de fuga ou avanço por esse lado. Rolando, Pombo, Antonio, Ricardo, Júlio, Pablito, Dario, Willy, Luís e León ocupavam a posição lateral do outro lado do riacho, para surpreendê-los pelo flanco; Inti ficava emboscado na margem, para atacar os que retrocedessem ou procurassem refúgio no riacho; Nato e Eustáquio subiam ao posto de observação, com instruções para se retirarem por trás, assim que se abrisse fogo; *El Chino* permanecia na retaguarda, protegendo o acampamento; os meus escassos efetivos estavam reduzidos a três homens: Pacho, perdido, Tuma e Luís, que o procuravam.

Daí a pouco surgiu a vanguarda que, para nossa surpresa, trazia três pastores-alemães com seus guias. Os animais estavam inquietos, mas não me pareceu que tivessem nos denunciado; continuavam avançando, porém, e alvejei o primeiro cão, errando o tiro; quando ia atirar no guia, travou o M-2. Miguel matou outro cão, segundo pude ver sem confirmar, e mais ninguém entrou na emboscada. No flanco da coluna do Exército começou um tiroteio intermitente. Quando houve uma pausa, disse a Urbano que ordenasse a retirada, mas ele veio com a notícia de que Rolando estava ferido; trouxeram-no pouco depois, já em coma (perdera muito sangue) e morreu quando começávamos a injetar-lhe plasma. Uma bala quebrara o fêmur e todo o feixe neuromotor fora destruído. Perdemos o melhor homem da guerrilha e um de seus pilares, naturalmente; meu companheiro desde que, sendo quase uma criança, serviu de mensageiro da Coluna 4 até a invasão e nesta nova aventura revolucionária; de sua morte obscura só cabe dizer, para um hipotético futuro que pudesse cristalizar: "Teu pequeno cadáver de capitão valente projetou no infinito a sua forma metálica".

O resto foi a lenta operação de retirada, salvando as coisas e o cadáver de Rolando (San Luís). Pacho incorporou-se mais tarde; equivocara-se e alcançou *El Coco*, levando a noite no caminho de regresso. Às 3, sepultamos o cadáver, sob uma tênue camada de terra. Às 16, chegaram Benigno e Aniceto, informando que tinham encontrado um choque do Exército, perdendo as mochilas, mas saindo ilesos. Aconteceu quando, segundo os cálculos de Benigno, faltava pouco para chegar ao Nacahuasu. Agora temos as duas saídas naturais bloqueadas e teremos de aproveitar os montanhistas, uma vez que a saída para o rio Grande não é oportuna, pela dupla razão de ser natural e de nos distanciar de Joaquim, de quem não temos notícias. À noite, chegamos à confluência dos dois rios, o Nacahuasu e o rio Grande, onde dormimos. Aí esperamos por *El Coco* e *El Camba*, para concentrar nossa pouca tropa. O balanço da operação é altamente negativo: Rolando morreu, mas não só isso; as baixas que causamos no Exército não devem passar de dois homens e um cão, na melhor das hipóteses, pois a posição não fora estudada com tempo nem preparada e nossos atiradores não viam o inimigo. Por último, nosso posto de observação é péssimo, o que nos impediu a organização sem pressa.

Um helicóptero desceu duas vezes na casa do cura; não se sabe se para retirar algum ferido. A aviação bombardeou nossas antigas posições, o que indica que não avançaram nada.

26

Avançamos alguns metros e ordenei a Miguel que procurasse um local para acamparmos, enquanto mandávamos procurar *El Coco* e *El Camba*, que apareceu ao meio-dia com os dois. Segundo estes, tinham trabalho para quatro horas de caminho, carregados, e havia possibilidades de tentar a escalada da vertente. Contudo, mandei Benigno e Urbano explorarem uma possível escalada mais perto do vale por onde corre o riacho que deságua no Nacahuasu, mas voltaram ao entardecer com a notícia de que tudo estava em más condições naquelas cercanias. Resolvemos seguir então pela pista aberta por *El Coco*, a fim de localizarmos outra que vai dar ao Iguiri. Temos agora uma mascote: Lolo, um filhote de gamo. Veremos se sobrevive.

27

Às 4 horas de *El Coco* foram cobertas em duas horas e meia; julguei reconhecer um lugar onde há muitos bosques de laranjas amargas, um ponto assinalado no mapa como Masico. Urbano e Benigno continuaram a abrir caminho e prepararam a pista para uma hora. À noite, o frio é intenso. As emissoras bolivianas transmitiram um comunicado do Exército em que se anuncia a morte de um guia civil, do instrutor dos cães e do cão Rayo. Atribuem duas mortes entre os nossos: um suposto cubano apelidado *El Rubio* e um boliviano. Confirma-se que Dantón está preso perto de Camiri; com certeza os outros estarão vivos com ele.
h – 950 m.

28

Caminhamos lentamente até às 15 horas. A essa hora o riacho estava seco e seu leito tomava outro rumo, pelo que paramos. Já era tarde para explorar, de modo que voltamos até onde havia água para acampar. Temos comida para quatro dias. Amanhã trataremos de chegar ao Nacahuasu pelo Inguiri e teremos de cortar caminho por montanhas.

29

Fez-se outra prova por algumas aberturas que se viam, com resultado negativo. Neste ponto, pelo menos, estamos numa garganta sem brechas. *El Coco* julga ter visto uma garganta transversal que não explorou. Amanhã o faremos com toda a tropa.

Com muito atraso deciframos completamente a Mensagem nº35, que tem um parágrafo em que me pediam autorização para pôr minha assinatura num apelo em favor da paz no Vietnã, proposto por Bertrand Russel.

30

Iniciamos o ataque à vertente. O suposto desfiladeiro morre nuns alcantilados, mas encontramos uma vereda natural por onde subir. À noite nos surpreendeu próximo do pico e aí dormimos, sem muito frio. Lolo morreu vítima da agitação de Urbano, que lhe deu um tiro na cabeça.

A Rádio Havana transmite a notícia de repórteres chilenos indicando que as guerrilhas têm tanta força que põem em xeque as cidades e, recentemente, capturaram dois caminhões militares carregados de mantimentos. A revista *Siempre* entrevistou Barrientos que, entre outras coisas, admitiu haver assessores militares ianques e que a guerrilha surgira por força das condições sociais da Bolívia.

ANÁLISE DO MÊS

As coisas apresentam-se em um quadro normal, embora tenhamos a lamentar duas graves perdas: *El Rubio* e Rolando; a morte deste último foi um severo golpe, pois pensava deixá-lo no comando de uma eventual segunda frente. Temos quatro ações mais, todas elas com resultados positivos, em geral, e uma muito boa – a emboscada em que morreu *El Rubio*.

Entretanto, o isolamento continua a ser total; as doenças minaram a saúde de alguns companheiros, obrigando-nos a dividir as forças, o que nos roubou muita eficiência; ainda não pudemos estabelecer contato com Joaquim; a base campesina continua sem progredir, embora pareça que, mediante o terror planeado, conseguiremos a neutralidade da maioria; o apoio virá depois. Não se efetuou uma única incorporação e, à parte os mortos, tivemos ainda a baixa de *El Loro*, desaparecido logo após a ação de Taperillas.

Dos pontos anotados sobre a estratégia militar, pode-se sublinhar: a) os controles não puderam ser eficazes até agora e nos causam transtornos mas têm nos permitido nos mover, em virtude de sua pouca mobilidade e de sua debilidade; além disso, depois da última emboscada contra os cães e o instrutor, é de presumir que, doravante, evitem penetrar nos montes; b) continua a gritaria, mas agora de ambas as partes e assim que for publicado em Havana meu artigo, ninguém duvidará mais da minha presença aqui.

Parece confirmado que os norte-americanos intervêm substancialmente aqui e estão mandando helicópteros e "boinas verdes", embora não tenham sido vistos por estas paragens; c) o Exército (pelo menos 1 ou 2 companhias) melhorou sua técnica: nos surpreenderam em Taperillas e não se desmoralizaram em El Mesón; d) a mobilização campesina é inexistente, salvo nas tarefas de informação, que nos incomodam um pouco, mas não são muito rápidas nem eficientes: poderemos anular esse ponto. A situação de *El Chino* mudou e será combatente até a formação de uma segunda ou terceira frente. Dantón e Carlos foram vítimas da sua ânsia, quase desespero, de saírem e da minha falta de energia de impedi-los de o fazerem, de modo que também ficam cortadas as comunicações com Cuba (Dantón) e perde-se o esquema de ação na Argentina (Carlos).

Em resumo: um mês em que tudo se resolveu dentro do normal, considerando as eventualidades próprias de uma guerrilha. O moral é bom em todos os combatentes aprovados no seu exame preliminar de guerrilheiros.

CAPÍTULO 8

Maio

1

Celebramos a data abrindo picadas, mas avançando pouco; ainda não chegamos à divisória de águas. Falou em Havana Almeida, com muitos louvores a mim e "aos famosos guerrilheiros cubanos". O discurso foi demasiado extenso, mas, de modo geral, bom.

Temos comida tragável para três dias; Nato matou hoje um pássaro com o "estilingue". Entramos na era do pássaro.

2

Dia de avanço lento e confusão sobre a verdadeira situação geográfica. Caminhamos duas horas, devido à dificuldade do terreno. De um alto pude verificar um ponto vizinho do Nacahuasu, o que indica estarmos muito ao norte, mas não há sinais do Inquiri. Dei ordem a Miguel e Benigno para abrir caminho todo o dia, para ver se conseguimos alcançar o Inquiri ou, pelo menos, água, pois já estamos com falta dela. A comida pode dar para cinco dias a meia ração. A Rádio Havana continua em sua ofensiva de notícias sobre a Bolívia, com informações exageradas.

h – alcançamos 1.760 m, dormimos a 1.730.

3

Depois de um dia de contínuo desbravamento, que resultou numa caminhada útil de pouco mais de duas horas, atingimos um riacho de bastante água e que parece ter rumo norte. Amanhã faremos, simultaneamente, a exploração do curso, para ver se muda de rumo, e continuaremos a picada. Comida para dois dias. Estamos a uma altitude de 1.080 metros, 200 acima do nível do Nacahuasu. Ouve-se um ruído longínquo de motor, cuja duração não é possível identificar.

4

Prossegue o avanço de manhã, enquanto *El Coco* e Aniceto exploravam o riacho. Voltaram às 13 horas, afirmando que o riacho desvia para leste e sul, pelo que lhes parecia ser o Iquiri. Ordenei que fossem buscar os picadores e seguiríamos águas abaixo. Saímos às 13h30 e às 17 paramos, já convencidos de que o rumo normal era este – nordeste, pelo que não pode ser o Iquiri, a menos que volte a mudar de rumo. Os picadores informam que não encontraram água e só viam novos picos; resolvi então seguir em frente, com a impressão de que vamos dar no rio Grande. Caçamos um pássaro, que foi repartido entre os batedores, dado apenas seu tamanho diminuto; temos comida para dois dias. Ouvimos pela rádio a notícia da prisão de *El Loro*, ferido numa perna. As suas declarações até agora são boas. Segundo tudo parece indicar, não foi ferido na casa, mas no outro lado, presumivelmente ao tentar escapar.

h – 980 m.

5

Caminhamos 5 horas, uns 12 a 14 quilômetros, chegando a um acampamento feito por Inti e Benigno. Estamos, portanto, no riacho de Congri, que não figura no mapa, muito mais ao norte do que pensávamos. Isso obriga a várias interrogações: onde está, afinal, o Iquiri? Não seria aquele onde Benigno e Aniceto foram surpreendidos? Os agressores não seriam o grupo de Joaquim? Por agora, pensamos em nos dirigir ao acampamento do Urso, onde deve ter ficado comida para dois dias e, dali, rumo ao acampamento velho. Hoje matamos dois pássaros grandes e um pequeno, com o que poupamos a ração e continuamos com comida para dois dias: sopas de pacote e carne enlatada. Inti, *El Coco* e *El Medico* estão emboscados para caçar. Noticiou-se que Debray será julgado por um tribunal militar em Camiri, como suposto chefe e organizador das guerrilhas. Sua mãe chegará amanhã e o caso está sendo muito comentado. *El Loro* nada.

h – 840 m.

6

Os cálculos acerca da chegada ao Urso falharam, pois a distância até cabana do riacho é maior do que a prevista e o caminho estava fechado, pelo que foi preciso desbastá-lo a facão. Chegamos à cabana às 16h30, depois de transpormos altitudes de 1.400 metros com os homens sem forças para apertar o passo. Comemos a penúltima ração, muito pobre; só caçamos uma perdiz que entregamos ao batedor (Benigno) e aos outros dois que o acompanham em ordem de marcha. As notícias agora concentram-se em Debray.

h – 1.100 m.

7

Chegamos ao acampamento do Urso e aí nos esperavam as oito latas de leite, com as quais fizemos um almoço reconfortante. Retiramos algumas coisas do esconderijo próximo, entre elas, uma Mauser para Nato, que será nosso atirador de bazuca, para o que conta com cinco projéteis antitanque. Ele passa mal, após um acesso de vômitos. Assim que chegamos ao acampamento, Benigno, Urbano, Léon, Aniceto e Pablito saíram em exploração pela pequena fazenda. Comemos as últimas sopas e a carne, mas temos uma provisão de toucinho que havia na cova. Vemos pegadas e alguns pequenos destroços que indicam terem estado por aqui soldados. De madrugada, chegaram os exploradores, de mãos vazias; os soldados estão na fazenda e arrebanharam todo o milho. Cumprem-se seis meses do início oficial da guerrilha, com a minha chegada.

h – 880 m.

8

Insisti, logo ao amanhecer, para que se fizessem os arranjos nos esconderijos e se trouxesse a outra lata de toucinho, pois é tudo o que temos para comer. Por volta das 10h30 ouviram-se tiros isolados na emboscada; dois soldados desarmados caminhavam pelo Nacahuasu acima; Pacho julgou que era uma guarda avançada e feriu um em uma perna, varando o ventre do outro. Disseram a a eles que tínhamos disparado por não obedecerem à voz de alto e eles, naturalmente, disseram que não tinham ouvido nada. A emboscada estava mal coordenada e a atuação de Pacho não foi boa; muito nervoso. Melhoramos a situação enviando Antonio e mais alguns para o lado direito. As declarações dos soldados dizem que estão acantonados perto do Iquiri, mas, na realidade, mentiam. Às 12, aprisionamos dois que vinham correndo desarvorados pelo Nacahuasu abaixo, declarando que a pressa era porque tinham saído à caça e, ao voltarem, pelo Iquiri, viram que a companhia desaparecera e saíram à sua procura. Também mentiam; na realidade, estavam acampados no *Llano* e escapavam-se furtivamente para ir buscar comida em nossa fazenda, pois o helicóptero não viera reabastecê-los. Dos dois primeiros capturamos rações de milho torrado e cru, quatro latas de cebola, açúcar e café; resolveram-nos o problema do dia, com auxílio do toucinho que comemos em grandes quantidades; alguns ficaram doentes.

Mais tarde, as sentinelas informaram repetidas incursões de guardas que chegavam até o cotovelo do rio e regressavam. Estavam todos sob tensão quando chegaram, ao que parece, 27 guardas. Tinham notado algo insólito e o destacamento, comandado pelo segundo-tenente Laredo, avançou: ele próprio abriu fogo e caiu morto no mesmo instante, com mais dois recrutas. Já anoitecia quando os nossos avançaram e aprisionaram mais seis soldados; os demais fugiram. O resultado total foi: três mortos e dez prisioneiros, dois deles, feridos; sete M-1 e quatro Mausers, equipamento pessoal, munição e um pouco de comida que nos serviu, reforçando o toucinho, para nos mitigar a fome. Dormimos ali.

9

Levantamo-nos às 4 horas (eu não dormi) e soltamos os soldados, após uma preleção. Tiramos os sapatos deles, mudamos suas roupas e os mentirosos mandamos de volta só de cuecas. Partiram na direção da fazenda, levando o ferido. Às 6h30 completamos a retirada, rumo ao riacho dos macacos, pelo caminho do esconderijo onde guardamos os despojos de guerra. Resta-nos somente o toucinho como alimento; senti-me desfalecer e tive de dormir duas horas para poder continuar, em um passo lento e vacilante. Tomamos sopa de toucinho na primeira aguada. Os homens estão muito débeis e já temos alguns com edema. À noite, o Exército divulgou comunicado da ação, indicando seus mortos e feridos, mas não seus prisioneiros por nós devolvidos, e anuncia grandes combates "com pesadas perdas de nossa parte".

10

O avanço prossegue lentamente. Ao atingirmos o acampamento onde está o túmulo de *El Rubio*, encontramos uma porção de charque, mas em mau estado, e banha. Retiramos tudo. Não havia sinais de guardas. Atravessamos o Nacahuasu com cuidado e iniciamos a marcha na direção de Pirirenda, através de uma quebrada que Miguel explorara, mas cujo caminho não está concluído. Paramos às 17 e comemos o pedaço rançoso de charque e a banha.

11

A vanguarda saiu primeiro; fiquei ouvindo o noticiário. Daí a pouco veio Urbano avisar que Benigno matara um porco selvagem (pecari) e pediam autorização para fazer uma fogueira e prepará-lo. Decidimos ficar para comer o animal, enquanto Benigno, Urbano e Miguel desbastavam caminho até à laguna. Às 14 reiniciamos a marcha, bicavando às 18. Miguel e os outros seguiram em frente.

Tenho de falar seriamente com Benigno e Urbano, pois o primeiro comeu uma lata de conservas no dia do combate, o que negou, e Urbano comeu uma parte do charque do acampamento de *El Rubio*.

Deram a notícia da substituição do coronel Rocha, comandante da 4ª Divisão que opera na zona.

h – 1.050 m.

12

Avanço lento. Urbano e Benigno abrem a pista. Às 15 horas vimos a descida da laguna a uns 5 quilômetros e, pouco depois, encontramos uma velha pista. Uma hora depois demos com um enorme milharal, com muita abóbora, mas não há água. Preparamos abóboras assadas e fritas com o toucinho, e debulhamos maçarocas de milho. Fizemos também milho torrado. Os batedores chegaram com a notícia de que tinham saído da casa de Chicho, o mesmo da outra vez e que é indicado como bom amigo no diário do tenente Henry Laredo. Não estava em casa, onde havia quatro peões de lavoura e uma empregada, cujo marido veio buscá-la e ficou detido. Assamos um porco grande, com arroz e frituras, além das abóboras. Pombo, Arturo, Willi e Dario ficaram de guarda às mochilas. O pior é que não localizamos água fora da casa.

Retiramo-nos às 5h30, a passo lento, e quase todos doentes. O dono da casa não chegara e deixamos uma nota, especificando os prejuízos ou despesas feitas; aos moços e à empregada pagamos $10 a cada um pelo trabalho que lhes demos.

h – 950 m.

13

Dia de arrotos, peidos, vômitos e diarreia; um verdadeiro concerto de órgão. Permanecemos em imobilidade absoluta digerindo o porco. Temos duas latas de água. Eu estive muito mal até que vomitei e me recompus. À noite comemos frituras de milho e abóbora assada, além dos restos do banquete de ontem – os que estavam em condições para isso. Todas as estações dão com insistência a notícia de que foi frustrado um desembarque cubano na Venezuela e o governo de Leoni apresentou dois homens, com nomes e graduações; não os conheço, mas tudo indica que alguma coisa correu mal.

14

Saímos de madrugada, com pouco ânimo, com o objetivo de atingir a laguna de Pirirenda por uma vereda que Benigno e *El Camba* tinham encontrado durante uma exploração. Antes de sairmos, reuni todos os homens e dei-lhes uma repreensão a respeito dos problemas com que nos defrontamos: fundamentalmente, o da alimentação, fazendo críticas a Benigno por ter comido uma lata e negar; a Urbano por comer o charque às escondidas; e a Aniceto, pelo seu afã de colaborar em tudo o que diga respeito à comida e à sua renitência quando se trata de outras missões. Durante a reunião, ouvimos ruídos de caminhões que se aproximavam. Num pequeno esconderijo improvisado guardamos umas cinquenta aboborinhas e dois quintais de milho, para eventuais necessidades. Quando já estávamos fora do caminho, ocupados em colher feijão, soaram descargas próximas e, pouco depois, vimos a aviação "bombardeando-nos ferozmente", mas a 2 ou 3 quilômetros das nossas posições. Continuamos a subir uma colina e a laguna apareceu diante de nós, enquanto os soldados se entretinham em seu tiroteio. Ao anoitecer, aproximamo-nos de uma casa cujos ocupantes tinham-na abandonado pouco antes, a qual estava muito bem fornecida e com água. Comemos um saboroso fricassé de galinha com arroz, e aí permanecemos até às 4 horas.

15

Sem novidades.

16

Ao iniciarmos a caminhada, tive uma cólica fortíssima, acompanhada de vômitos e diarreia. Cortei-a com Demerol e perdi a noção de tudo enquanto me carregavam numa rede; quando despertei, estava muito aliviado, mas cagado como um nenê de peito. Emprestaram-me umas calças, mas, sem água, cheiro à merda a uma légua. Ali passamos o dia, eu amodorrado. *El Coco* e Nato fizeram uma exploração, encontrando um caminho que tem direção sul–norte. Seguimo-lo de noite, enquanto houve luar, e depois descansamos. Recebemos a mensagem nº 36, da qual se deduz o total isolamento em que estamos.

17

Prosseguimos a marcha até às 13 horas, quando atingimos uma serração de madeira com vestígios de ter sido abandonada há uns três dias. Tinha açúcar, milho, toucinho, farinha e água em barris, ao que parece transportada de longe. Aí mesmo bicavamos, enquanto se fazem batidas pelos caminhos que saem do acampamento, os quais morrem todos no monte. Raul apresenta um tumor no joelho, com dores intensas, e que não o deixa caminhar. Aplicamos um antibiótico forte e amanhã será feita uma punção. Caminhamos uns 15 quilômetros.

h – 920 m.

Roberto – Juan Martin.

18

Ficamos o dia emboscados, no caso de aparecerem trabalhadores à serraria ou o Exército. Sem novidades. Miguel saiu com Pablito e encontraram água a duas horas do acampamento, por um caminho transversal. Fez-se a punção em Raul, extraindo-lhe 50 cc de líquido purulento; fizemos um tratamento geral anti-infeccioso; praticamente não pode dar um passo. Extraio o primeiro dente nesta guerrilha; vítima propiciatória: *El Cambo*. Tudo correu bem. Comemos pão cozido num pequeno forno e, pela noite, tomamos uma sopa bárbara que me arrancou dores de parto.

19

A vanguarda saiu de madrugada, ocupando posições na emboscada do cruzamento dos caminhos; depois saímos nós, substituindo uma parte da vanguarda enquanto esta tornava a procurar Raul e o levava até o cruzamento; a outra parte do centro seguiu até a aguada, para aí deixar as mochilas, e regressou para trazer Raul, que melhora lentamente. Antonio fez uma pequena exploração riacho abaixo e encontrou um acampamento abandonado de soldados; aqui também há restos secos de comida. O Nacahuasu não deve estar longe e calculo que devemos encontrá-lo logo abaixo do riacho de Congri. Choveu toda a noite, surpreendendo os que se julgam peritos no assunto. Temos comida para dez dias e nas imediações há muito milho e abóbora.

h – 780 m.

Camilo.

20

Dia sem movimento. Pela manhã o centro postou-se na emboscada e, pela tarde, a vanguarda, sob o comando de Pombo, que acredita ser ruim a posição escolhida por Miguel. Este voltou a explorar o riacho, encontrando por fim o Nacahuasu a duas horas de caminho, sem mochila. Ouviu-se nitidamente uma detonação, não se sabendo quem disparou; nas margens do Nacahuasu há pegadas de outro acampamento militar, de um par de pelotões. Incidente com Luís: por ter sido respondão, o puni com a ordem de não ir para a emboscada; acho que reagiu bem.

Numa coletiva de imprensa, Barrientos negou a condição de jornalista de Debray e anunciou que pediria ao Congresso o restabelecimento da pena de morte. Quase todos os jornalistas e correspondentes estrangeiros o interrogaram sobre Debray; defendeu-se com uma pobreza de recursos incrível. É o mais incapaz que se pode pedir.

21

Domingo. Sem movimento. Manteve-se a emboscada, num cruzamento de 10 em 10, ao meio-dia. Raul melhora lentamente; foi feita uma segunda punção, extraindo uns 40 cc de líquido purulento. Já não tem febre, mas está com dor e quase não pode andar; é a minha atual preocupação. À noite comemos opiparamente: sopa, farinha, charque e abóboras, com acompanhamento de milho torrado.

22

Como era de esperar, apareceu ao meio-dia o encarregado da serraria, Guzmán Robles, com o motorista e um filho, num jipe meio desconjuntado. Desconfiei que fosse uma guarda avançada do Exército, para ver o que havia por aqui, mas foi-se abrindo aos poucos e consentiu sair por Gutiérrez à noite, deixando seu filho como refém; deve voltar amanhã. A vanguarda ficará emboscada toda a noite e amanhã esperaremos até às 15. Depois será preciso que nos retiremos, pois a situação será perigosa. Dá a impressão de que o homem não trairá, mas ignoramos sua habilidade para fazer compras sem despertar suspeitas. Pagou-se-lhe todo o consumo que fizemos no barracão. Deu informações da situação em Tatarenda, Limón, Ipitá, onde não há guarnições, exceto um tenente na última dessas localidades. Quanto a Tatarenda fala de ouvido, pois não esteve lá.

23

Dia de tensão. O encarregado não apareceu todo o dia e, embora não se registrasse qualquer atividade, resolvemos retirar-nos de noite com o refém, um rapagão de dezessete anos. Caminhamos uma hora pela vereda, à luz da lua, e dormimos pelo caminho. Levamos comida para dez dias.

24

Chegamos a Nacahuasu em duas horas e encontramos o caminho livre. Saímos às 4 horas, descendo o curso do Congri. Caminhamos lentamente, suportando o passo lento de Ricardo e hoje o de Moro, também. Alcançamos o acampamento que usamos no primeiro dia de caminhada, na primeira viagem. Não deixamos vestígios e não vimos sinais de passagem mais recente. O rádio deu a notícia de que não será atendido o pedido de *habeas corpus* impetrado a favor de Régis Debray. Calculo que estamos a duas horas do Saladillo; chegando ao cimo decidiremos o que fazer.

25

Em hora e meia de marcha alcançamos o Saladillo sem deixar rastro. Caminhamos duas horas rio acima, até à nascente. Comemos e reiniciamos a marcha às 15h30, caminhando outro par de horas até às 18, quando acampamos a 1.100 metros, sem atingir ainda o pico. Faltam-nos depois, segundo o rapaz, umas duas léguas até a granja do avô ou, segundo Benigno, um dia inteiro de caminho até à casa de Vargas, sobre o rio Grande. Amanhã decidiremos.

26

Após duas horas de marcha e de cruzarmos o pico a 1.200 metros, chegamos ao sítio do tio-avô do rapaz. Trabalhavam dois peões na horta, que tiveram de ser capturados, pois avançaram na nossa direção; afinal, eram cunhados do velho, casado com uma irmã deles. Idade: dezesseis e vinte anos. Informaram que o pai do rapaz fizera as compras, mas levantara desconfianças e fora detido, confessando tudo. Há trinta soldados em Ipita, patrulhando a localidade. Comemos um churrasco de porco com abóbora. Não havia água na zona, a qual é transportada em barris desde Ipita. Pela noite saímos rumo à granja dos próprios rapazes a 8 quilômetros, 4 na direção de Ipita e 4 para oeste. Chegamos ao amanhecer.
h – 1.100 m,

27

Dia de folga e um pouco de desespero. De todas as maravilhas prometidas só tem um pouco de cana e estava inutilizada. Como era de esperar, o velho, dono da granja, chegou ao meio-dia com o carroção da água para os porcos e viu algo inesperado, regressando para onde estava a retaguarda emboscada, que o prendeu com o peão que o acompanhava. Ficaram presos até às 18 horas, quando os soltamos, assim como o caçula dos irmãos, com a promessa de que ficariam por ali até segunda-feira e não fariam comentários. Caminhamos então duas horas e dormimos no milharal, já orientados para o caminho que nos levará a Caraguatarenda.

28

Levantamo-nos cedo e iniciamos a marcha; em hora e meia estávamos próximos das hortas de Caraguatarenda e mandei Benigno e *El Coco* explorar, mas foram vistos por um camponês que capturaram. Em pouco tempo tínhamos uma verdadeira colônia de prisioneiros, sem maiores sinais de medo, até que uma velha começou a gritar, agarrada aos filhos, quando lhe foi dada voz de prisão, e nem Paco nem Pablo tiveram ânimo de detê-la. Fugiu em direção ao povoado.

Nós o ocupamos às 14 horas, colocando patrulhas nos extremos da povoação. Pouco depois caía um jipe do Serviço de Minas; no total, caíram dois jipes e dois caminhões, metade particulares e metade do Serviço de Minas. Comemos alguma coisa, tomamos café e depois de ter dado cinquenta repreensões aos homens, conseguimos sair às 19h30 na direção do Ipitacito. Aí arrombamos um armazém de víveres e retiramos $500 de mercadorias, quantia que deixamos ao cuidado de dois camponeses, fazendo uma ata muito cerimoniosa. Continuamos o nosso peregrinar, chegando a Itay, onde nos receberam muito bem em uma casa onde estava a professora que era dona do armazém de Ipitacito e confrontamos os preços. Eu fiquei conversando um pouco e parece que me reconheceram; havia queijo e pão, que nos ofereceram, assim como café, mas sinto uma nota falsa na recepção. Seguimos rumo a Espino, junto ao caminho de ferro para Santa Cruz, mas o caminhão, um Ford a que retiraram a tração dianteira, enguiçou e ocupou-nos a manhã, a três léguas de Espino, e o veículo parou definitiva e irrecuperavelmente a duas daquela localidade. A vanguarda tomou um rancho e o jipe fez quatro viagens até nos transportar a todos.

h – 880 m.

29

O casario de Espino é relativamente novo, pois o antigo foi arrasado pelo grande aluvião de 1958. É uma comunidade guarani, cujos habitantes, muito tímidos, falam ou fingem falar muito pouco espanhol. Havia perto gente do petróleo trabalhando e herdamos outro caminhão em que podíamos embarcar todos, mas perdeu-se a oportunidade, porque Ricardo enfiou-o num atoleiro e não foi possível retirá-lo. A tranquilidade era absoluta, como se estivéssemos num mundo diferente. *El Coco* foi encarregado de recolher informações dos caminhos e trouxe-as incompletas, deficientes e contraditórias, a tal ponto que saímos para cobrir um trajeto algo perigoso, mas que nos levaria perto do rio Grande quando, no último instante, resultou que não, que devíamos ir a Michiri, lugar onde há água. Com todos os problemas de organização existentes, saímos às 3h30, o grupo da vanguarda no jipe (seis, sete com *El Coco*) e os demais a pé. O rádio nos presenteia com a notícia da fuga de *El Loro*, que estava em Camiri.

30

Chegamos de dia ao caminho de ferro, verificando que não existia o caminho assinalado que deveria nos em conduzir a Michiri. Procurando, encontrou-se a 500 metros da encruzilhada um caminho reto, aberto em um campo de petróleo, e a vanguarda foi por ele no jipe. Quando Antonio voltava, um garoto caminhava pela estrada com uma velha escopeta e um cachorro; à voz de alto, fugiu. Em face dessa notícia, deixei Antonio emboscado à entrada do caminho e nos afastamos uns 500 metros. Às 11h45 apareceu Miguel com a notícia de que se caminhara 12 quilômetros rumo leste, sem encontrar caça nem água; apenas um caminho que se afastava para o norte. Dei-lhe ordem de explorar esse caminho com três homens, no jipe, até 10 quilômetros para o norte, regressando antes do anoitecer. Às 15 horas, quando dormia placidamente, fui despertado por um tiroteio do lado da emboscada. Chegaram logo as notícias: o Exército tinha avançado e caíra na armadilha. O saldo parece ter sido de três mortos e um ferido. Atuaram: Antonio, Arturo, Nato, Luís, Willy e Raul, este fraco. Retiramo-nos a pé, percorrendo os 12 quilômetros até a encruzilhada, sem encontrar Miguel. Nesse ponto tivemos notícias de que o jipe se encrencara amiúde por falta de água. Encontramo-lo a uns 3 quilômetros dali: urinamos todos nele e com um cantil de água para reforçar pudemos atingir o ponto máximo do avanço, onde Júlio e Pablo esperavam. Às 2 horas já estávamos todos reunidos, ao redor de uma fogueira em que assamos três pavões e fritamos carne de porco. Guardamos um animal para que prove água nas aguadas, por causa das dúvidas.

Estamos descendo: de 750 m chegamos agora a 650 m.

31

O jipe lá seguia aos arrancos, com a refrigeração de urina e um ou outro cantil de água. Aconteceram dois fatos que alteraram o ritmo: o caminho na direção norte acabou, pelo que Miguel suspendeu a marcha e um dos grupos de segurança deteve numa pista lateral o camponês Gregório Vargas, que vinha em sua bicicleta preparar umas armadilhas, que era seu ofício. A atitude do homem não foi clara de todo, mas forneceu informações valiosas sobre as aguadas. Uma delas ficava para trás e mandei um grupo buscar água e cozinhar, levando o homem como guia. Quando estavam para chegar, avistaram dois caminhões do Exército e foi feita uma emboscada apressada, tombando dois homens, segundo parece. Nato, ao falhar a primeira bala de salva da sua granada antitanque, pôs-lhe uma de guerra e o aparelho explodiu-lhe debaixo do nariz, sem lhe causar danos, mas destruindo o aparelho. Continuamos a retirar, sem sermos fustigados pela aviação; caminhamos 15 quilômetros até encontrar a segunda aguada, já de noite. O jipe soltou os últimos estertores, por falta de gasolina e sobreaquecimento. Passamos a noite comendo. O Exército fez um comunicado reconhecendo um subtenente e um soldado mortos ontem e afirmando terem sido "vistos" mortos nossos. Amanhã, tenho a intenção de atravessar o caminho de ferro, rumo às montanhas.

h – 620 m.

RESUMO DO MÊS

Um ponto negativo é a impossibilidade de se estabelecer contato com Joaquim, apesar de nossa peregrinação pelas serranias. Há indícios de que se tenha deslocado para o norte. Do ponto de vista militar, três novos combates, causando baixas no Exército e sem sofrer nenhuma, além das penetrações em Pirirenda e Caraguatarenda, indicam um bom êxito. Os cães-pastores mostraram-se incompetentes e foram retirados da circulação. As características mais importantes são:

1º) falta total de contato com Manila, La Paz e Joaquim, o que nos reduz a 25 homens, que constituem atualmente o grupo;
2º) falta completa de incorporação rural, embora estejamos perdendo o medo e se consiga até a admiração dos camponeses. É uma tarefa lenta e paciente;
3º) o partido, por intermédio de Kolle, oferece sua colaboração, segundo parece, sem reservas;
4º) o escândalo ao redor do caso Debray deu mais beligerância a nosso movimento do que dez combates vitoriosos;
5º) a guerrilha vai adquirindo um moral prepotente e seguro que, bem administrado, é uma garantia de êxito;
6º) o Exército continua sem se organizar e sua técnica não melhorou substancialmente.

Notícia do mês: a prisão de *El Loro*, que deverá agora incorporar-se ou dirigir-se a La Paz para estabelecer contato.

O Exército anunciou a detenção de todos os camponeses que colaboraram conosco na zona de Masicuri; aproxima-se agora uma fase em que o terror sobre os camponeses se exercerá por ambas as partes, embora com qualidades diferentes: nosso triunfo significará a mudança qualitativa necessária para o saldo do campesinato em seu desenvolvimento.

CAPÍTULO 9

Junho

1

Enviei a vanguarda para patrulhar o caminho e fazer uma exploração até o cruzamento do caminho petrolífero, a uns 3 quilômetros. A aviação começou a rondar a área, de acordo com informações radiofônicas, porque o mau tempo dificultou as incursões aéreas nos dias anteriores, mas agora serão reiniciadas. Transmitiram um estranho comunicado sobre dois mortos e três feridos, que não sabemos se são antigos ou novos. Depois de comer, às 5, tomamos o rumo do caminho de ferro. Foram 7-8 quilômetros feitos sem novidades; caminhamos quilômetro e meio pela via férrea e entramos por uma vereda abandonada que deve nos levar a um prado, a 7 quilômetros. Mas já estamos cansados e dormimos no meio do caminho. Em todo o trajeto só se escutou um tiro distante.

h – 800 m.

2

Cobrimos os 7 quilômetros previstos por Gregório e chegamos ao prado, onde apanhamos um porco muito gordo e o matamos mas, nesse momento apareceram o vaqueiro de Braulio Robles, seu filho e dois peões, um dos quais era enteado do dono, Symuní. Nos seus cavalos fizemos os 3 quilômetros até o riacho; esquartejamos o porco e ali os retivemos, enquanto escondíamos Gregório, cujo desaparecimento já era conhecido. Quase ao chegar ao Centro passou um caminhão do Exército com dois soldadinhos e alguns mantimentos, presa fácil, mas era dia de festa e porco. Passamos a noite cozinhando e às

3 horas soltamos os quatro moços, pagando $10 a cada um pelo seu dia. Às 4h30 partiu Gregório, que esperou comida e boleia para regressar, e recebeu $100. A água do riacho é amarga.

3

Saímos às 6h30 pela margem esquerda do riacho, caminhando até às 12, hora a que mandamos Benigno e Ricardo explorarem o caminho, encontrando um bom lugar para uma emboscada. Às 13 ocupamos posições: Ricardo e eu, com um grupo cada um no centro, Pombo numa extremidade e Miguel, com toda a vanguarda, no ponto ideal. Às 14h30 surgiu um caminhão com porcos, que deixamos passar; às 16h20, uma caminhonete com garrafas vazias e às 17 um caminhão do Exército, o mesmo de ontem, com dois soldadinhos embrulhados em mantas, na cama do veículo. Não tive coragem de os alvejar nem cérebro me funcionou suficientemente rápido para detê-los. Deixamos passar. Às 18 levantamos a emboscada e seguimos caminho abaixo, até encontrar o riacho. Mal tínhamos chegado, passaram quatro caminhões em fila e logo mais três, mas sem Exército, segundo nos pareceu.

4

Prosseguimos o avanço pela margem do riacho, com a intenção de preparar outra emboscada se as condições do terreno fossem favoráveis, mas surgiu uma vereda que nos leva para oeste e por ela entramos; continuava pelo leito seco de um riacho e adiante tomou o rumo sul. Às 14h45 paramos e fizemos café e papas de aveia, à beira de um charco de água lodosa. Atrasamos muito e aí mesmo acampamos. Caiu uma chuva toda a noite.

5

Deixamos a vereda e seguimos monte abaixo, sob o fustigar constante da chuva fina. Caminhamos até às 17, duas horas e um quarto desbastando cana brava pelas vertentes da Sierra Maestra destas paragens. O fogo converteu-se no grande Deus da jornada. O dia passou em branco quanto à comida; guardamos água salobra dos cantis para o almoço de amanhã.
h – 250 m.

6

Após um magro almoço, Miguel, Benito e Pablito foram adiante abrir caminho e explorar. Às 14, aproximadamente, Pablo voltou com a notícia de que se chegara a um terreno cultivado, com fruta e gado. Pusemo-nos todos em marcha e, seguindo o curso do riacho, atravessamos a granja e fomos dar ao rio Grande. Daí mandamos uma exploração com a tarefa de ocupar alguma casa que se visse próxima e isolada; assim se fez e as primeiras informações indicaram que estávamos a 3 quilômetros de Puerto Camacho, onde havia um contingente de cinquenta soldados. Há uma pista de comunicação. Passamos a noite cozinhando porco e sopa de arroz. A jornada não rendeu o esperado e saímos cansados, já de dia.

7

Caminhamos devagar, à margem de velhos pastos, até que o guia, um dos filhos do dono. Prosseguimos pela praia até encontrar outra granja, de que ele não nos falara, com abóboras, cana-de-açúcar, galinhas da Guiné e feijão. Aí acampamos. O rapaz que nos guia começou a queixar-se de fortes dores de barriga. Sei que não são autênticas.

h – 560 m.

8

Transferimos o acampamento para uns 300 metros mais a dentro, a fim de fugirmos à dupla vigilância da praia e da granja, se bem que logo nos demos conta de que o dono não abrira nenhum caminho e vinha sempre de batel. Benigno, Pablo, Urbano e León trataram de abrir caminho que atalhasse pelo farelhão, mas voltaram à tarde com a notícia de que era impossível. Tive de fazer outra advertência a Urbano, por causa de suas respostas folgadas. Combinamos construir uma balsa amanhã, perto do farelhão. Ouvimos notícias da implantação de estado de sítio e da ameaça mineira, mas tudo é incerto.

11

Dia de total tranquilidade; permanecemos na emboscada, mas o Exército não avançou. Só um avião sobrevoou a zona durante alguns minutos. Pode ser que estejam à nossa espera no Rosita. O caminho pela serra avançou quase até atingir a crista. Amanhã sairemos de qualquer maneira; temos comida abundante para cinco ou seis dias.

12

Julgou-se, a princípio, que poderíamos chegar ao Rosita ou, pelo menos, ao rio Grande, outra vez, de modo que empreendemos a marcha. Quando chegamos a uma pequena aguada vimos a coisa muito mais difícil do que se esperava, sendo que ali permanecemos, esperando notícias. Às 15 chegou a informação de que havia outra aguada muito maior, mas era ainda impossível descer. Resolvemos ficar. O dia começou a emborrascar e, por fim, fomos presenteados com uma noite de frio e água. O rádio dá uma notícia interessante: o jornal *Presencia* anuncia um morto e um ferido do Exército no choque de sábado. Isso é muito bom e quase certo, de modo que mantemos o ritmo de choques com mortos. Outro comunicado anuncia três mortes, entre eles, Inti, um dos chefes dos guerrilheiros, cuja força é de dezessete cubanos, catorze brasileiros, quatro argentinos e três peruanos. Os cubanos e peruanos correspondem à realidade; gostaria de saber onde foram buscar tal notícia.

h – 900 m.

13

Caminhamos apenas uma hora, até a proximidade da aguada, pois os batedores não conseguiram abrir caminho até o Rosita. Muito frio. É impossível que se chegue amanhã. Temos comida para cinco dias. O mais interessante é a convulsão política que se apoderou do país, a fabulosa quantidade de pactos e contrapactos que há no ambiente. Poucas vezes se viu tão claramente a possibilidade de catalisação da guerrilha.

h – 840 m.

14

Passamos o dia na aguada feia, ao lado do fogo, esperando notícias de Miguel e Urbano, que estavam abrindo a picada. O prazo para avançar era até às 15 horas, mas Urbano chegou depois dessa hora para avisar que fora até um riacho e que se viam diversas picadas, pelo que julgava ser possível chegar ao rio Grande. Ficamos no local, tomando a última ração de sopa; resta-nos apenas uma ração de amendoim e três de milho seco.

Atingi os 39 anos e avizinha-se inexoravelmente uma idade que dá que pensar sobre o meu futuro de guerrilheiro; por enquanto ainda estou "inteiro".

h – 840 m.

15

Caminhamos um pouco menos de três horas para chegar às margens do rio Grande, num lugar que reconhecemos e que se encontra, pelo meus cálculos, a duas horas do Rosita; Nicolás, o camponês, fala de 3 quilômetros. Demos-lhe 150 pesos e a possibilidade de ir embora; saiu disparado como um foguete. Ficamos no mesmo local onde chegamos; Aniceto fez uma exploração e crê que se pode atravessar o rio. Tomamos sopa de amendoim e um pouco de palmito-juçara fervido e salteado com banha; agora só nos resta milho seco para três dias.

h – 610 m.

16

Caminhamos 1 quilômetro, quando vimos na margem oposta a turma da vanguarda. Pacho atravessara, explorando um vau, e encontrara-o. Atravessamos imediatamente todos, com água gelada pela cintura e alguma corrente, mas sem novidade. Uma hora depois chegamos ao Rosita, onde notamos marcas antigas de sapatos, aparentemente do Exército. O Rosita tem mais água do que o previsto e não há nem sombra do caminho assinalado no mapa. Caminhamos uma hora pela água gelada e decidimos acampar, para aproveitar o açaí e procurar uma colmeia que Miguel encontrara num reconhecimento anterior; não se descobriu a colmeia e só comemos palmito com banha e milho seco. Sobra milho para uma ração amanhã e depois. Avançamos uns 3 quilômetros pelo Rosita e mais 3 pelo rio Grande.

h – 610 m.

17

Avançamos 15 quilômetros pelo Rosita em cinco horas e meia. No percurso cruzamos quatro riachos, apesar de no mapa só figurar um, o Abapocito. Encontramos rastros abundantes de trânsito recente, Ricardo matou um hochi, e com isso e o milho passamos o dia. Sobra milho para amanhã, mas é presumível que encontremos casa.

18

Muitos de nós fomos imprevidentes, comendo todo o milho no almoço. Às 11, após duas horas e meia de caminho, caímos numa granja com milho, mandioca, cana e um engenho para moer, abóbora e arroz. Preparamos a refeição, sem proteínas, e mandamos Benigno e Pablito fazer um reconhecimento. Às 2 horas voltou Pablito com a notícia de que tinham encontrado um campesino cuja granja fica a 500 metros desta e que mais atrás vinham outros, detidos ao chegar. Durante a noite mudamos de acampamento, dormindo na granja dos rapazes, situada à saída do caminho que vem de Abapó, a 7 léguas daqui. As casas estão a 10-15 quilômetros, acima da confluência do Mosquera com o Oscuro, na margem deste último rio.

h – 680 m.

19

Caminhamos a passo lento uns 12 quilômetros, para chegar ao rancho, formado por três casas com outras tantas famílias. Dois quilômetros abaixo vive uma família Gálvez, mesmo na confluência do Mosquera e do Oscuro; para falar com os habitantes é preciso correr atrás deles e pegá-los, pois são como animais bravios, assustadiços. De modo geral, receberam-nos bem, mas Calixto, nomeado administrador por uma comissão militar que passou por aqui há um mês, mostrou-se reservado e renitente em vender algumas coisas. Ao anoitecer chegaram três comerciantes de porcos, com revólver e fuzil Mauser; tinham passado pelas sentinelas do grupo de segurança da vanguarda; Inti interrogou-os, sem lhes tirar as armas, e Antonio, que os vigiava, o fez com muito descuido. Calixto garantiu que são comerciantes de Postrer Valle e que os conhece.

Há outro rio que desagua no Rosita pela sua margem esquerda e chama-se Suspiro; ninguém vive em seu curso.

h – 680 m.

20

Pela manhã, Paulino, um dos rapazes da granja de baixo, informou-nos que os três indivíduos não eram comerciantes: havia um tenente e os outros dois não eram do ramo. Obteve a informação pela filha de Calixto, que é sua noiva. Inti foi com vários homens e deu-lhes o prazo até às 9 horas para que saísse o oficial, caso contrário fuzilaríamos todos. O oficial saiu sem demora, chorando. É um subtenente da polícia, enviado com um "carabineiro" e o mestre-escola de Postrer Valle, este voluntário. Mandou-os o coronel, que está instalado naquela povoação com sessenta homens. A sua missão incluía uma extensa viagem, para a qual lhe deram um prazo de quatro dias, abrangendo outros pontos do caminho de Oscuro. Pensou-se em matá-los, mas decidi devolvê-los com uma severa advertência sobre as normas da guerra. Averiguando como podiam ter passado pela vanguarda, sem que os detivessem, apurou-se que Aniceto abandonara o posto para chamar Júlio e, nesse lapso de tempo, passaram; além disso, Aniceto e Luís foram encontrados adormecidos nos postos de sentinela. Foram punidos com sete dias como ajudantes de cozinha e um dia sem comer porco, assado ou frito, nem sopa, que foi servida aos demais, em quantidade exagerada. Os detidos serão despojados de todos os seus pertences.

21

Após dois dias de profusas extrações dentais, em que tornei famoso o meu nome de *Fernando Sacamuelas*, fechei o consultório e saímos à tarde, caminhando pouco mais de uma hora. Pela primeira vez, nesta guerra, saí montado em uma mula. Os três detidos foram levados, durante uma hora, pelo caminho de Mosquera e despojados de todos os seus haveres, incluindo relógios e sapatos. Pensamos levar Calixto, o administrador, como guia com Paulino, mas estava doente ou fingiu estar e o deixamos com severas advertências de que, provavelmente, não renderão muitos frutos. Paulino comprometeu-se a chegar a Cochabamba com a minha mensagem. Irei lhe entregar uma carta para a mulher de Inti, uma mensagem cifrada para Manila e os quatro comunicados de guerra. O quarto explica a composição da nossa guerrilha e desmente a morte de Inti. Veremos se agora podemos estabelecer contato com a cidade. Paulino fingiu vir como nosso prisioneiro.

h – 750 m.

22

Avançamos umas três horas, deixando o rio Oscuro ou Morocos, para chegar a uma aguada no lugar denominado Pasiones. Consultamos o mapa e tudo indicava que faltavam pelo menos 6 léguas para chegar à Flórida, ou ao primeiro ponto onde há casas, Piray, onde vive um cunhado de Paulino, mas não conhece o caminho. Pensávamos em prosseguir, aproveitando o luar, mas não vale a pena, dada a distância a que estamos.

h – 950 m.

23

Só caminhamos uma hora, visto que se perdeu a pista e atrasamos toda a noite e parte da manhã para a reencontrar e depois abrir o resto para amanhã. A noite de São João não foi tão fria como seria de crer, de acordo com a fama. A asma está me ameaçando seriamente e tenho uma reserva escassa de medicamentos.

h – 1.050 m.

24

Progredimos um total de 12 quilômetros em 4 horas. O caminho era bom em alguns trechos e desimpedido; em outros, era preciso procurá-lo. Descemos por um alcantilado inacreditável, seguindo as pegadas de uns vaqueiros que faziam descer o seu gado. Acampamos num fio de água na encosta do Cerro Duran. O rádio nos dá a notícia de luta nas minas. A minha asma aumenta.

h – 1.200 m.

25

Seguimos pelo caminho fabricado pelos vaqueiros, sem os alcançarmos. Ao meio da manhã encontramos um bosque em chamas e um avião sobrevoou a zona. Ficamos sem saber que relação haveria entre esses dois fatos, mas seguimos adiante e às 16 horas chegamos a Piray, residência da irmã de Paulino. No lugar há três casas, das quais uma estava abandonada, na outra não havia gente e na terceira estava a irmã, com quatro filhos, mas sem o marido, que saíra para Flórida com Paniagua, o da outra casa. A 1 quilômetro vive uma filha de Paniagua e foi essa a casa escolhida para acampar, comprando uma vitela que foi imediatamente sacrificada. *El Coco*, com Júlio, Camba e León foram mandados até Flórida para fazer algumas compras, mas não puderam avançar porque o Exército está lá: uns cinquenta homens, e esperam mais, até completar 120-130. O dono da casa é um velho que se chama Fenelón Coca. A rádio argentina dá a notícia de 87 vítimas; os bolivianos não dizem o número (Siglo XX). A minha asma continua a aumentar e agora já não me deixa dormir bem.

h – 780 m.

26

Dia negro para mim. Parecia que tudo decorria tranquilamente e mandei cinco homens substituir os emboscados no caminho de Flórida, quando se ouviram disparos. Fomos rapidamente nos cavalos e deparamos com um espetáculo estranho: no meio de um silêncio total, jaziam por terra quatro soldados, na areia do rio. Não podíamos tomar-lhes as armas por ignorarmos a posição do inimigo; eram 17 horas e esperávamos a noite para efetuar o resgate; Miguel mandou avisar que se ouvia o ruído de galhos quebrados à sua esquerda; foram Antonio e Pacho, mas dei-lhes ordem de não atirar sem ver. Quase imediatamente ouviu-se um tiroteio de ambos os lados e dei ordem de retirada, já que só tínhamos a perder nessas condições. A retirada demorou e chegou a notícia de dois feridos: Pombo, numa perna, e Tuma, no ventre. Rapidamente os levamos até a casa para os operar com o que houvesse. A ferida de Pombo era superficial e só provocaria dores de cabeça a sua falta de mobilidade; a de Tuma destroçara-lhe o fígado e produzira perfurações intestinais; morreu na operação. Com ele perdi um companheiro inseparável de todos estes últimos anos, de uma fidelidade a toda a prova e cuja ausência sinto desde agora como a de um filho. Ao cair pediu que me entregassem seu relógio, e como não o fizessem, para o transportar depressa, ele próprio o retirou e entregou-o a Arturo. Esse gesto revelava o desejo de que fosse entregue ao filho que não conheceu, tal como eu fizera com os relógios dos companheiros mortos anteriormente. O trarei comigo durante toda a guerra. Carregamos o cadáver sobre um animal e ele foi levado para ser enterrado longe dali.

Fizemos prisioneiros mais dois espiões: um tenente da guarda civil e um praça. Lemos a cartilha para eles e foram postos em liberdade, mas de cuecas, devido a uma interpretação errônea da minha ordem, no sentido de que fossem despojados de tudo o que servisse. Saímos com nove cavalos.

27

Cumprida a dolorosa missão de enterrar Tuma, em sofríveis condições, prosseguimos viagem, chegando de dia a Tejeria. Às 14 horas saiu a vanguarda para uma viagem de 15 quilômetros e às 14h30 nós avançamos. A viagem foi maior para os últimos, a quem a noite surpreendeu e tiveram de esperar a saída da lua. Chegaram às 2h30 à casa de Paliza, de onde eram os guias.

Devolvemos dois animais ao dono da casa de Tejeria, que é sobrinho da velha Paniagua, para que o fizesse chegar a seu proprietário.

h – 850 m.

28

Conseguimos um guia que por $40 se ofereceu para nos conduzir à encruzilhada do caminho que vai para a casa de Don Lucas. Mas ficamos em uma casa anterior, que tinha aguada. Saímos tarde, mas os últimos, Moro e Ricardo, tardaram muito e não pude ouvir notícias. Fizemos uma média de 1 quilômetro por hora. Segundo as versões, o Exército, ou alguma emissora por sua conta, fala de três mortos e dois feridos num conflito com guerrilheiros na zona de Mosquera; tem de ser uma referência ao nosso combate, mas, viam-se, quase com certeza absoluta, quatro cadáveres, a menos que algum tivesse conseguido simular perfeitamente a morte.

A casa de um tal Cea não estava habitada, mas tinha várias vacas, cujos bezerros recolhemos.

h – 1.150 m.

29

Tive uma séria conversa com Moro e Ricardo pela demora, sobretudo com Ricardo. *El Coco* e Dario, da vanguarda, saíram com mochila nos cavalos, levando ainda Moro. Nato leva a sua, pois é encarregado dos animais. As de Pombo e a minha vão numa mula. Pombo pode chegar com muita facilidade numa égua de prado; ficou instalado na casa de Don Lucas, que vive no cume, a 1.800 metros de altitude, e estava com duas filhas, uma delas com bócio. Há duas casas um pouco mais abaixo; uma delas de um trabalhador esporádico, quase nua; a outra bem arranjada. A noite foi chuvosa e fria. As informações dizem que Barchelon está a meio-dia de caminho, mas, segundo os camponeses que vieram pela vereda, esta se encontra em mau estado; o dono da casa não diz a mesma coisa e assegura que é de fácil conserto. Os camponeses vinham ver o da outra casa e foram detidos como suspeitos.

No caminho, tive uma conversa com a nossa tropa, agora composta por 24 homens. Citei entre os homens exemplares, mais um: *El Chino*. Expliquei o significado das perdas e o golpe pessoal que eu sofrera com a morte de Tuma, a quem considerava como um filho. Critiquei a falta de autodisciplina e a lentidão na marcha; prometi dar-lhes mais algumas noções para que não nos ocorra nas emboscadas o que aconteceu agora: perdas inúteis de vida por não se cumprirem as normas.

30

O velho Lucas deu algumas informações sobre os seus vizinhos do que se depreende que o Exército já andou fazendo sua preparação por aqui. Um deles, Andulfo Diaz, é o secretário-geral do sindicato rural da região, de feição barrientista; o outro é um velho falador, a quem se deixou sair por ser paralítico; e um outro é um covarde que pode falar, segundo seus colegas, para não arranjar complicações. O velho prometeu nos acompanhar e ajudar na abertura do caminho para Barchelon; os dois camponeses seguirão conosco. Como o dia foi chuvoso e agreste, foi passado em descanso.

No plano político, o mais importante é a declaração oficial de Ovando, de que estou aqui. Além disso, afirmou que "o Exército está defrontando guerrilheiros perfeitamente treinados que, inclusive, contam com comandantes vietcongues que tinham derrotado os melhores regimentos norte-americanos". Baseia-se em declarações de Debray que, segundo parece, falou mais do que o necessário, embora não possa saber que implicações isso terá, nem quais foram as circunstâncias em que ele disse o que disse. Diz-se também que *El Loro* foi assassinado. Atribuíram-me o papel de inspirador do plano de insurreição nas minas, coordenado com a guerrilha de Nacahuasu. A coisa está ficando linda: dentro de pouco tempo deixarei de ser "Fernando Sacamuelas".

Recebemos uma mensagem de Cuba, em que explicam o pouco desenvolvimento alcançado pela organização guerrilheira no Peru, que conta com poucas armas e homens, mas gastou um dinheirão não se sabe em quê, e falam de uma suposta organização guerrilheira entre Paz Estensoro, um coronel Seoane e um tal Ruben Juli), ricaço animador da zona de Pando; seriam Guayaromerin. É o ... (Em branco no original).

ANÁLISE DO MÊS

Os pontos negativos são: a impossibilidade de estabelecer contato com Joaquim e a perda gradual de homens, cada um dos quais constitui uma derrota grave, embora o Exército não o saiba. Tivemos dois pequenos combates durante o mês, ocasionando ao Exército três feridos, segundo suas informações.

As características mais importantes são:

1º) Continua a falta total de contatos, o que nos reduz agora a 24 homens, com Pombo ferido e a mobilidade reduzida.
2º) Continua a sentir-se a falta de incorporação camponesa. É um círculo vicioso: para conseguir essa incorporação, necessitamos exercer nossa ação permanente num território povoado e, para isso, necessitamos de mais homens.
3º) A lenda da guerrilha cresce como espuma; já nos converteram em super-homens invencíveis.
4º) A falta de contato diz também respeito ao partido, embora tenhamos feito uma tentativa por meio de Paulino, que pode dar resultado.
5º) Debray continua a ser notícia, mas agora está relacionado com meu caso, e eu apareço como chefe do movimento. Veremos o resultado desse passo do governo e se é positivo ou negativo para nós.
6º) O moral da guerrilha continua sólido e sua decisão de luta aumenta. Todos os cubanos servem de exemplo no combate e só há dois ou três bolivianos "frouxos".
7º) O Exército continua nulo em sua tarefa militar, mas está realizando um trabalho no campesinato que não devemos descuidar, pois transforma em delatores todos os membros de uma comunidade, seja por medo, seja por fraude sobre as nossas finalidades.
8º) O massacre nas minas esclarece muito o panorama a nosso favor e, se a nossa proclamação puder ser divulgada, será um grande fator de elucidação geral.

Nossa tarefa mais urgente é restabelecer o contato com La Paz e nos reabastecer de equipamento militar e médico; conseguir a incorporação de 50-100 homens da cidade, embora a cifra de combatentes se reduza na ação a uns 10-25.

CAPÍTULO 10

Julho

1

Sem que o dia clareasse completamente, saímos em direção a Barchelon – Barcelona no mapa. O velho Lucas deu-nos uma ajuda no conserto do caminho, mas, apesar de tudo, ficou bastante abrupto e resvaladiço. A vanguarda saiu pela manhã e nós ao meio-dia, gastando a tarde em descer e subir a quebrada. Tivemos de ficar para dormir na primeira granja, separados da vanguarda, que seguiu adiante. Na casa havia três garotos de sobrenome Yepez, extremamente tímidos.

Barrientos concedeu uma entrevista coletiva em que admitiu a minha presença, mas vaticinou que em poucos dias estaria liquidado. Repetiu seu habitual repertório de asneiras, chamando-nos ratos e víboras, e reiterou seu propósito de castigar Debray.

h – 1.500 m.

Retivemos um camponês chamado Andrés Coca, que encontramos no caminho, e levamos conosco os outros dois, Roque e seu filho Pedro.

2

Pela manhã nos unimos à vanguarda, que acampara no alto, em casa de *Don* Nicomedes Arteaga, onde há um laranjal, e venderam cigarros. A casa principal está embaixo, junto ao rio Piojera, onde fomos comer fartamente. O rio Piojera corre entre alcantilados fundos e só se pode transitar por ele a pé, rumo a Angostura, para jusante; a saída é perto da junção, num outro ponto do mesmo rio, mas é preciso atravessar a serra, muito alta. É importante por constituir um cruzamento de caminhos. Este lugar está apenas a 950 metros e é muito mais temperado. Aqui, o carrapato cede lugar ao mosquito. O casario é formado pela residência de Arteaga e as de seus vários filhos; têm um pequeno cafezal onde vêm trabalhar homens de vários pontos circunvizinhos. Agora há uns seis peões da zona de San Juan.

A perna de Pombo não melhora com a suficiente rapidez devido, provavelmente, às intermináveis viagens a cavalo, mas não apresenta complicações nem são de temer nesta altura.

3

Ali permanecemos todo o dia, procurando dar maior descanso à perna de Pombo. As compras estão sendo feitas a preços elevados e isso faz que os camponeses misturem o medo e o interesse, virando-se para nos conseguirem as coisas de que precisamos. Tirei umas fotos que me valeram o interesse de todos; veremos como as revelamos, ampliamos e fazemos chegar até eles: três problemas. Passou um avião à tarde e, à noite, alguém falou do perigo dos bombardeiros noturnos; todos saíram para a rua e tivemos de os deter, explicando-lhes que não havia perigo algum. A minha asma continua sem dar tréguas.

6

Saímos cedo rumo a Peña Colorada, atravessando uma região habitada que nos recebeu com terror. Ao entardecer, chegamos ao Alto de Palermo, 1.600 metros, e iniciamos a descida até onde há um armazém de mercearias, onde fizemos compras por via das dúvidas. Já à noite desembocamos na estrada, onde só há a casa de uma velha viúva. A vanguarda não esteve muito feliz na ocupação, por causa de várias indecisões. O plano era capturar um veículo que viesse de Sumaipata, averiguar as condições reinantes e partir para aí com o motorista do veículo, tomar o DIC, comprar numa farmácia, saquear o hospital, comprar uma bateria, guloseimas e regressar.

Alteramos o plano porque não vinham veículos de Sumaipata e recebemos notícias de que não estavam parando os veículos nessa localidade; quer dizer, a barreira estava levantada. Foram destacados para a ação Ricardo, *El Coco*, Pacho, Aniceto, Júlio e *El Chino*. Fizeram parar um caminhão que vinha de Santa Cruz, sem novidade, mas atrás vinha outro que parou por solidariedade e foi também preciso detê-lo; começou uma discussão com uma senhora que vinha no caminhão e não queria deixar a filha descer; um terceiro caminhão parou para ver o que acontecia e o caminho já estava atravancado quando parou um quarto, provocando certa indecisão. Arranjaram-se as coisas e os quatro veículos ficaram encostados de um lado; e um dos motoristas respondia "descanso" quando lhe perguntavam se havia novidade. Nosso destacamento saiu de caminhão, chegou a Sumaipata, capturou dois guardas civis, depois o tenente Vacaflor, chefe do posto, e ao sargento fizemos dizer a contrassenha; o grupo tomou o posto numa ação relâmpago, após uma boa escaramuça com os dez soldados que guarneciam e troca de tiros com um soldado que pretendeu resistir. Capturaram-se cinco Mausers e um Z-B-30, e os dez presos subiram para o caminhão, deixando-os despidos a 1 quilômetro de Sumaipata. Na ordem dos acontecimentos a ação foi um fracasso: *El Chino* deixou-se levar por Júlio e Pacho e nada se comprou de proveito; nos remédios, nenhum dos necessários para mim, embora se adquirissem os que são mais imprescindíveis para a guerrilha. A ação foi levada a cabo diante do povo e de grande número de viajantes, de modo que terá o efeito de uma bomba. Às 2 já estávamos de volta com os despojos de guerra.

7

Caminhamos sem descanso até chegar a um canavial onde um homem nos recebera bem anteriormente, a uma légua da casa de Ramon. O medo continua radicado no povo; o homem nos vendeu um porco e foi amável, mas preveniu que havia duzentos homens em Los Ajos e que seu irmão chegara há pouco de San Juan, onde havia outros cem soldados. Queria extrair-lhe uns dentes, mas ele preferiu não o fazer. A minha asma está em franco aumento.

8

Avançamos desde a casa dos canaviais até o rio Piojera, com precauções, mas tudo estava limpo e não havia rumores de soldados, a gente que vinha de San Juan negava que aí houvessem tropas. Parece que foi uma intrujice do homem para nos ver pelas costas. Caminhamos duas léguas pelo rio até o Pavoy e daí uma légua até o esconderijo, onde chegamos quando anoitecia. Estamos perto do Filo. Injetei-me várias vezes para poder continuar, acabando por usar uma solução de adrenalina a 1.900, preparada com colírio. Se Paulino não cumpriu a sua missão, teremos de regressar a Nacahuasu para ir buscar medicamentos que me atenuem a asma.

O Exército divulgou comunicado da ação, reconhecendo um morto, que deve ter sido durante o tiroteio no quartel, quando Ricardo, *El Coco* e Pacho o tomaram.

9

À saída, perdemos o caminho e gastamos a manhã tentando encontrá-lo. Ao meio-dia nos metemos por um outro não muito claro, que nos levou à maior altitude até hoje atingida, 1.840 metros, chegando pouco depois a uma cabana abandonada, onde pernoitamos. Não há certeza sobre o caminho para Filo. O rádio noticia um acordo de catorze pontos entre os trabalhadores de Catavi e Siglo XX e a Empresa Comibol; trata-se de uma derrota total para os trabalhadores.

10

Saímos tarde porque se extraviara um cavalo que, entretanto, apareceu. Cruzamos a altitude máxima, 1.900 m, por um caminho pouco transitado. Às 15h30 encontramos uma choupana-abrigo, onde decidimos pernoitar, mas a surpresa desagradável foi que acabavam todos os caminhos. Mandei explorar umas veredas semiabandonadas, mas que não conduzem a parte alguma. Em frente, veem-se uns terrenos cultivados que podiam ser as margens do Filo.

A rádio dá a notícia de um choque com guerrilheiros na zona de Dorado, que não figura no mapa e se situa em qualquer lugar entre Sumaipata e rio Grande; reconhecem um ferido e nos atribuem dois mortos.

No entanto, as declarações de Debray e de *El Pelao* não são boas; sobretudo, fizeram uma confissão do propósito intercontinental da guerrilha, coisa que não deviam ter feito.

11

Ao regressarmos, em um dia chuvoso e de nevoeiro denso, perdemos todos os caminhos e ficamos definitivamente separados da vanguarda, que desceu reabrindo um velho atalho. Matamos um bezerro.

12

Passamos o dia à espera de notícias de Miguel, mas só ao anoitecer chegou Júlio com a notícia de que tinham descido por um riacho que corria para o sul. Ficamos no mesmo lugar. A asma me deu uma surra muito regular.

Agora o rádio traz outra notícia que parece verídica na parte mais importante; fala de um combate no Iquira, com um morto da nossa parte, cujo cadáver levaram para Lagunillas. A euforia em torno do cadáver indica que algo de verdade há no caso.

13

Pela manhã, descemos uma encosta alcantilada e resvaladiça por causa do mau tempo. Encontro com Miguel às 11h30. Mandara *El Camba* e Pacho explorar uma vereda que se desviava da que seguia o curso do rio, e voltaram uma hora depois com a notícia de que se viam granjas, casas e haviam estado numa delas, abandonada. Imediatamente nos deslocamos para lá, seguindo o curso de um riacho, e atingimos a primeira casa, onde pernoitamos. O dono da casa chegou mais tarde e nos informou que uma mulher, a mãe do corregedor, tinha nos visto e, com certeza, já informara ao destacamento de soldados que se encontra no próprio povoado do Filo, a uma légua daqui. Mantivemos sentinelas toda a noite.

14

Após uma noite de chuva contínua, o dia manteve o mesmo aspecto, mas às 12 decidimos sair, levando dois guias, Pablo, cunhado do alcaide, e Aurélio Hancilla, o homem da primeira casa. As mulheres ficaram chorando.

Atingimos um ponto onde os caminhos bifurcam: um leva a Flórida e Moreco, o outro a Pampa. Os guias propuseram que se seguisse pelo de Pampa, no qual era possível tomar por uma vereda recentemente aberta, até El Mosquera, e aceitamos a ideia; mas quando tínhamos caminhado uns 500 metros, apareceram um soldado e um camponês com uma carga de farinha num cavalo, e uma mensagem para o subtenente de Filo, do seu colega de Pampa, onde há trinta guardas. Decidimos mudar de rumo e nos embrenhamos pelo caminho para Flórida, acampando pouco depois.

O PRA e o PSB retiram-se da frente revolucionária e os camponeses advertem Barrientos sobre uma aliança com a Falange. O governo desintegra-se rapidamente. Que pena eu não ter mais cem homens neste momento!

15

Andamos muito pouco, devido ao mau estado do caminho, abandonado há muitos anos. Por conselho de Aurélio, matamos uma vaca do corregedor, comendo fartamente. A asma cedeu um pouco.

16

Barrientos anunciou a operação Cintia para nos liquidar em poucas horas.

Iniciamos a marcha muito lentamente, devido ao intenso trabalho de desbravamento e os animais sofreram muito, pelo mau estado do caminho, mas chegamos sem incidentes graves ao fim da jornada, um desfiladeiro onde é impossível avançar com os cavalos carregados. Miguel e quatro homens da vanguarda seguiram adiante e dormiram à parte. Hoje não houve notícias radiofônicas de maior importância. Passamos uma altitude de 1.600 metros, perto de Cerro Duran, que ficou à nossa esquerda.

17

Prossegue o avanço, muito lento, por causa do caminho. Tínhamos esperança de chegar a um laranjal que o guia indicara, mas apenas encontramos com matas secas. Há uma poça de água que nos serviu para acampar. Não fizemos mais de três horas de caminho. Estou muito melhor da asma. Parece que demos com o caminho para chegar a Piray. Estamos ao lado do Duran.
h – 1.560 m.

18

Na hora de reiniciar a marcha, o guia perdeu o trajeto e disse que daí para diante já não conhecia mais. Por fim, encontramos uma velha vereda e, enquanto era desbastada, Miguel avançou, rompendo caminho, e atingiu o cruzamento do caminho para Piray. Chegados a um arroio onde acampamos, foram soltos os três camponeses, depois de lida a cartilha. *El Coco* saiu com Pablito e Pacho, para investigar se Paulino deixara alguma coisa no esconderijo; devem voltar amanhã à outra, se todos os cálculos derem certos. O soldado disse que vai desertar.
h – 1.300 m.

19

Fizemos o curto trajeto até o antigo acampamento e aí ficamos, com guardas reforçadas, à espera de *El Coco*, que chegou depois das 18h30, anunciando que ali está tudo sem novidade; o fuzil está no seu lugar e não há rastro de Paulino. Em compensação, há muitas marcas da passagem de tropa, que também deixou rastro na parte do caminho em que estamos.

As notícias políticas são de uma tremenda crise que não se prevê como possa degenerar. Para já, os sindicatos agrícolas de Cochabamba formaram um partido político "de inspiração cristã" que apoia Barrientos e este pede que o "deixem governar quatro anos"; é quase uma súplica. Siles Salinas ameaça a oposição de que a nossa subida ao poder custaria a cabeça a todos e conclama à unidade nacional, declarando o país em pé de guerra. Parece suplicante, de um lado, e demagógico, do outro. Talvez se prepare para uma substituição.

20

Avançamos com precaução até chegar às duas primeiras casas, onde encontramos um dos moços Paniagua e o genro de Paulino. Deste não sabiam coisa alguma, salvo que o Exército o procurava por nos ter guiado. As pegadas correspondem a um grupo de cem homens que passaram uma semana depois de nós e seguiram até Flórida. Parece que o Exército sofreu três mortos e dois feridos na emboscada. Enviei *El Coco*, *El Camba*, León e Júlio num reconhecimento a Flórida, aproveitando para comprar tudo o que por lá encontrassem. Voltaram às 4 horas com alguns víveres e um tal Melgar, dono de dois dos nossos cavalos, que se oferecia para qualquer serviço e tinha uma informação pormenorizada de que, dado o desconto para os excessos de fantasia, extraímos o seguinte: quatro dias depois da nossa partida foi descoberto o cadáver de Tuma, devorado por animais; o Exército só avançou no dia seguinte ao do combate, depois de ter aparecido o tenente nu; a ação de Sumaipata é conhecida com vários acréscimos, retoques e floreados, e é um dos motivos prediletos de gozo dos camponeses; encontraram o cachimbo de Tuma e alguns de seus pertences; um major, chamado Soperna, parece ser meio simpatizante ou admirador nosso; o Exército chegou à casa de Coca, onde morrera Tuma, e dali avançou para Tejeria, regressando a Flórida. *El Coco* pensava utilizar o homem para levar uma carta, mas me pareceu mais prudente experimentá-lo primeiro, enviando-o para comprar alguns medicamentos. Esse Melgar nos falou de um grupo que vem para cá, no qual há uma mulher, e que o soube por carta do corregedor de Rio Grande ao daqui; como o homem está no caminho de Flórida, mandamos Inti, *El Coco* e Júlio avistarem-se com ele. Negou ter notícias de outro grupo mas confirmou, em geral, as declarações de Melgar. Passamos uma noite abominável por causa da água. O rádio deu a notícia da identificação do cadáver do guerrilheiro morto, que seria Moisés Guevara, mas Ovando, na coletiva, foi muito cauteloso a esse respeito e sublinhou que a identificação competia ao Ministério do Interior. Não descarto a possibilidade de que seja tudo uma farsa ou tenha sido forjada a suposta identificação.

h – 680 m.

21

Passamos um dia calmo. Falamos com o velho Coca sobre a vaca que nos vendera sem ser dele e respondeu que não a tinham pago, mas depois deu o dito por não dito; intimamos a que pagasse.

À noite, fomos à Tejeria, comprar um porco grande e rapadura. O pessoal recebeu muito bem Inti, Benigno e Aniceto, os compradores.

22

Saímos cedo, com abundante carga às costas e nos animais, e com a intenção de despistar toda a gente sobre a realidade de nossa presença. Deixamos o caminho que conduz a Moroco e enveredamos pelo da laguna, a uns 2 quilômetros ao sul. Desgraçadamente ignorávamos o resto e tivemos de enviar exploradores. Entrementes, Mancilla e o moço Paniagua apareceram pela laguna conduzindo gado. Foram advertidos para não dar com a língua nos dentes, mas a coisa agora é muito diferente. Caminhamos um par de horas, dormindo à beira de um riacho que tem uma pista para sudeste, acompanhando seu curso, e outra menos marcada para o sul.

O rádio deu a notícia de que a mulher de Bustos (*El Pelao*) confirma ter-me visto, mas disse que veio com outras intenções.

h – 640 m.

23

Permanecemos no nosso acampamento, enquanto se enviavam exploradores pelos dois caminhos possíveis. Um deles conduz ao rio Seco, num ponto em que o Piray já lhe deu as suas águas, mas as areias ainda não as absorvem, quer dizer, entre a emboscada que montamos e Flórida; o outro conduz a umas cabanas, a 2-3 horas de caminho; e, segundo Miguel, que procedeu ao reconhecimento, é possível ir e sair em Rosita. Amanhã tomaremos esse caminho, que pode ser um dos indicados por Melgar, segundo as contas feitas por ele a *El Coco* e Júlio.

24

Caminhamos três horas pela senda explorada, o que nos fez transpor altitudes de 1.000 metros, acampando a 940 m, à beira de um arroio. Aqui acabam os caminhos e o dia vai ser inteiramente dedicado à procura da melhor saída. Aqui há uma série de campos cultivados que revelam sua ligação com Flórida; talvez seja o sítio denominado Canalones. Estamos decifrando uma extensa mensagem de Manila. Raul falou na promoção de oficiais da Escola Máximo Gomez e, entre outras coisas, refutou as restrições dos tchecos sobre o artigo dos vietnames. Os amigos me chamam o novo Bakunin e lamentam o sangue derramado e o que derramaria no caso de três ou quatro Vietnãs.

25

Passamos o dia em repouso, mandando três parelhas em exploração a diversos pontos: *El Coco*, Benigno e Miguel foram os encarregados dessa tarefa. *El Coco* e Benigno desembocaram no mesmo lugar e daí pode-se tomar o caminho de Moroco; Miguel informou que o riacho sai, com toda certeza, no Rosita, e que se pode caminhar por ele, mesmo que se tenha de abrir uma picada à base de facão.

Notícias de duas ações, uma em Taperas e outra em San Juan del Potrero, que não podem ter sido efetuadas pelo mesmo grupo, e surge a dúvida sobre sua existência ou a veracidade dos fatos.

26

Benigno, *El Camba* e Urbano receberam a missão de percorrer o caminho do riacho; o restante do pessoal ficou no acampamento e o centro montou uma emboscada atrás. Sem novidade.

As notícias da ação de San Juan del Potrero foram difundidas por emissoras estrangeiras, com todos os pormenores: captura de quinze soldados e um coronel, despojos e liberdade, a nossa técnica. Esse ponto fica do outro lado da estrada Cochabamba-Santa Cruz. À noite fiz uma pequena palestra acerca do significado do 26 de Julho: rebelião contra as oligarquias e contra os dogmas revolucionários. Fidel fez uma referência à Bolívia.

27

Tínhamos tudo pronto para sair e os homens da emboscada haviam recebido ordens para se retirarem automaticamente às 11 horas quando chegou Willy, faltando poucos minutos para essa hora, anunciando que o Exército vinha aí. Partiram para lá o próprio Willy, Ricardo, Inti, *El Chino*, León e Eustáquio, os quais, somados a Antonio, Arturo e Chapaco, realizaram a ação. Esta se desenrolou assim: oito soldados apareceram na crista, caminharam para o sul, seguindo uma antiga vereda, e regressaram, atirando algumas rajadas e fazendo sinais com um trapo. Num dado momento ouviu-se chamar um tal Melgar, que poderia ser o de Flórida. Depois de descansarem um pouco, os oito soldados retomaram a marcha, rumo à emboscada. Nela caíram apenas quatro, pois os restantes vinham um pouco mais vagarosos: há com certeza três mortos certos e um quarto provável mas, de qualquer maneira, ferido. Nos retiramos sem lhes apanhar as armas e equipamento, pelo difícil que era chegar até eles, e saímos prontamente pelo caminho do riacho abaixo. Após a confluência com outra pequena garganta, organizou-se nova emboscada; os cavalos avançaram até onde é possível o caminho.

A asma tratou-me duramente e estão acabando os míseros calmantes.

h – 800 m.

28

Mandei *El Coco*, Pacho, Raul e Aniceto cobrirem a desembocadura do rio que pensamos ser o Suspiro. Caminhamos pouco, abrindo pista por uma garganta de vegetação muito densa. Acampamos separados da vanguarda, pois Miguel avançou demasiado, para evitar que os cavalos afundem nas areias ou sofram com as pedras.

h – 760 m.

29

Continuamos a marcha por um desfiladeiro entre montanhas que se estende para sul, com bons refúgios nas vertentes e em zona de muita água. Às 16, aproximadamente, nos encontramos com Pablito, que avisou estarmos na desembocadura do Suspiro, sem novidades. Pensei, por um momento, que essa garganta não era a do Suspiro, pela direção sul, mas na última volta inclina-se para oeste e desemboca no Rosita.

Às 16h30, aproximadamente, chegou a retaguarda e decidi prosseguir viagem para nos distanciarmos da desembocadura; mas não me dispus exigir o esforço necessário para chegar mais além da granja de Paulino e acampamos na margem do caminho, a uma hora de marcha da desembocadura do Suspiro. À noite, dei a palavra para *El Chino*, para que se refira à independência da sua pátria, a 28 de julho, e depois expliquei por que motivo o acampamento estava mal situado, dando ordem de levantamento para as 5 e partir para a granja de Paulino. A Rádio Havana informou sobre uma emboscada em que caíram alguns efetivos do Exército, retirados de helicóptero, mas não se ouvia bem.

30

A asma me atacou forte e passei a noite sem dormir. Às 4h30, quando Moro estava fazendo o café, avisou que via uma lanterna cruzando o rio. Miguel, que estava acordado para fazer a rendição de sentinelas, e Moro foram deter os caminhantes. Na cozinha, ouvi o diálogo:

– Oi, quem vem lá?

– Destacamento Trindade!

E ali mesmo choveu balaço. Em seguida, Miguel trouxe um M-1 e a cartucheira de um ferido e a notícia de que eram 21 homens a caminho de Abapó; em Moroco já havia 150. Causaram-se-lhes outras baixas, não muito exatas por causa da confusão reinante. Os cavalos tardaram muito a ser carregados e o preto perdeu-se com o susto, levando um morteiro que fora apreendido ao inimigo. Eram cerca das 6 e ainda se perdeu mais tempo porque caíram algumas cargas. O resultado final foi que, já no último cruzamento, ficamos debaixo do fogo dos soldados, que se encorajaram. A irmã de Paulino estava na granja e nos recebeu com grande tranquilidade, informando que todos de Moroco tinham sido presos e estavam em La Paz.

Reuni todos e passei com Pombo, novamente debaixo de fogo, para a garganta do rio onde acaba o caminho e a resistência pode ser mais bem organizada. Mandei Miguel com Júlio e *El Coco* tomarem a dianteira, enquanto eu esporeava os cavalos. Cobrindo a retirada ficaram sete homens da vanguarda, quatro da retaguarda e Ricardo, que se deslocou para reforçar a defesa. Benigno, com Dario, Pablo e *El Camba* estavam na margem direita; o restante vinha pela esquerda. Acabava de dar ordem de descanso, na primeira posição aceitável, quando chegou *El Camba* com a notícia de que Ricardo e Aniceto tinham caído, ao atravessarem o rio; despachei Urbano, com León e Nato, e dois cavalos, e mandei buscar Miguel e Júlio, deixando a *El Coco* o posto de guarda avançada. Estes passaram sem receber instruções minhas e, pouco depois, *El Camba* veio de novo com a notícia de que os tinham surpreendido, a ele, Miguel e Júlio; que os soldados tinham avançado muito e que Miguel retrocedera, aguardando instruções. Reenviei-lhes *El Camba*, mais Eustáquio, e ficou Tinti, Pombo, Chino e eu. Às 13 mandei buscar Miguel, deixando Júlio de sentinela avançada, e retirei-me com o grupo de homens e os cavalos. Quando chegava à altura da posição de *El Coco*, nos alcançaram com a notícia de que haviam aparecido os sobreviventes, Raul estava morto, Ricardo e Pacho feridos. As coisas aconteceram assim: Ricardo e Aniceto atravessaram imprudentemente a peito descoberto e feriram o primeiro. Antonio organizou uma linha de fogo entre Arturo, Aniceto e Pacho, resgataram-no, mas feriram Pacho e mataram Raul com uma bala na boca. A retirada fez-se com dificuldade, arrastando os dois feridos e com pouca colaboração de Willy e Chapaco, sobretudo deste último. Logo se juntaram a eles Urbano e seu grupo, com os cavalos, e Benigno com sua gente, deixando desguarnecido o outro flanco, pelo qual o inimigo avançou, surpreendendo Miguel. Após uma penosa marcha pelo monte, saíram no rio e uniram-se a nós. Pacho vinha a cavalo, mas Ricardo não podia montar e foi preciso trazê-lo de rede. Enviei prontamente Miguel, com Pablito, Dario, *El Coco* e Aniceto, para tomarem a desembocadura do primeiro riacho na margem direita, enquanto tratávamos dos feridos. Pacho tinha ferimentos superficiais que lhe atravessavam as nádegas e a pele dos testículos, mas Ricardo estava gravíssimo e o último plasma perdera-se na mochila de Willy. Às 22 horas morreu Ricardo e o enterramos perto do rio, num lugar bem escondido, para que os guardas não o localizassem.

31

Às 4 horas saímos pelo rio e, depois de atravessarmos um talho, largamos rio abaixo, sem deixar pegadas, chegando pela manhã ao riacho onde estava emboscado Miguel, que não entendera a ordem e deixara rastro. Caminhamos rio acima uns 4 quilômetros e nos embrenhamos no monte, apagando as nossas pegadas e acampando perto de um afluente do arroio. À noite, expliquei os erros da ação: 1º) acampamento mal situado; 2º) mau emprego do tempo, o que permitiu ao inimigo nos alvejar; 3º) excesso de confiança que fez tombar Ricardo e, depois Raul, no resgate; 4º) falta de decisão para salvar o equipamento. Perderam-se onze mochilas, com medicamentos, prismáticos e alguns instrumentos de grande utilidade, como o gravador em que copiávamos as mensagens de Manila, o livro de Debray anotado por mim e um livro de Trotsky, sem contar com o partido que o governo vai tirar dessa captura e a confiança que incute aos soldados. Calculamos dois mortos e cinco feridos deles, mas há duas notícias contraditórias: uma, do Exército, reconhecendo quatro mortos e quatro feridos no dia 28, e outra, do Chile, fala de seis feridos e três mortos no dia 30. O Exército divulga depois um comunicado em que anuncia ter levantado o cadáver de um guerrilheiro e que um subtenente está fora de perigo. Dos nossos mortos, Raul quase não pode ser catalogado, dada sua subjetividade; era pouco combativo e pouco trabalhador, mas interessava-se constantemente pelos aspectos políticos dos problemas, embora nunca formulasse perguntas. Ricardo era o mais indisciplinado do grupo cubano e o que tinha menos capacidade de decisão diante dos sacrifícios cotidianos, mas era um extraordinário combatente e um velho companheiro de aventuras, no primeiro fracasso de Segundo, no Congo e agora aqui. É outra perda sensível pela sua qualidade. Somos 22, contando com dois feridos. Pacho, Pombo e eu, com a asma a todo o vapor.

ANÁLISE DO MÊS

Mantêm-se os pontos negativos do mês anterior, a saber: impossibilidade de contato com Joaquim e com o exterior; perda de homens, somos agora 22, com três estropiados, incluindo eu próprio, o que diminui a mobilidade. Tivemos três encontros, incluindo a tomada de Sumaipata, ocasionando ao Exército uns sete mortos e dez feridos, cifras aproximadas, de acordo com comunicados algo confusos. Nós perdemos dois homens e um está ferido.

As características mais importantes são:
1º) Falta total de contato.
2º) Contínua a falta de incorporação campesina, embora haja alguns sintomas animadores no acolhimento que nos fizeram velhos conhecidos das áreas rurais.
3º) A lenda das guerrilhas adquire dimensões continentais; Ongania fecha fronteiras e o Peru toma precauções.
4º) Fracassou a tentativa de contato por meio de Paulino.
5º) O moral e a experiência da luta de guerrilha aumenta em cada combate; continuam frouxos *El Camba* e Chapaco.
6º) O Exército continua dando chutes sem bola, mas há unidades que parecem mais combativas.

7º) A crise política acentua-se no governo, mas os Estados Unidos estão dando pequenos créditos que são uma grande ajuda, no nível boliviano, com o que se mitiga o descontentamento.

As tarefas mais urgentes são: restabelecer os contatos, incorporar combatentes e conseguir medicamentos.

CAPÍTULO 11

Agosto

1

Dia tranquilo. Miguel e *El Camba* iniciaram a picada, mas avançaram pouco mais de 1 quilômetro, devido às dificuldades do terreno e da vegetação. Matamos um potro manhoso que deve nos dar carne para 5-6 dias. Fizemos as trincheiras para estender uma emboscada ao Exército, se vier por aqui. A ideia era deixá-los passar, se vierem amanhã ou depois, e se não descobrirem o acampamento, mandamos então bala.

h – 650 m.

2

A picada parece ter avançado bem, graças a Benigno e Pablo, que a continuaram. Demoraram quase duas horas para regressar ao acampamento, desde a extremidade do caminho. Não dão notícias nossas pelo rádio, depois de anunciarem o traslado do cadáver de um "antissocial". A asma me põe duramente à prova e já acabei a última injeção antiasmática; só me restam alguns comprimidos para dez dias, talvez.

3

A picada foi um verdadeiro fiasco: Miguel e Urbano demoraram hoje 57 minutos para regressar. Avança-se muito lentamente. Não há notícias. Pacho recupera-se bem; eu, em compensação, estou mal. O dia e a noite foram muito duros para mim e não se vislumbra uma solução a curto prazo. Provei a injeção endovenosa de novacaína, sem resultado.

4

O grupo chegou a uma garganta que toma o rumo sul-oeste e pode ser que nos leve a um dos riachos que deságuam no rio Grande. Amanhã irão duas duplas desbastar o caminho e Miguel subirá pelo nosso, para explorar o que me parece ser velhos prados. A asma melhorou um pouco hoje.

5

Benigno, *El Camba*, Urbano e León dividiram-se em duplas para avançar mais, mas deram com um riacho que deságua no Rosita. Miguel foi explorar a chácara, mas não a encontrou. Acabou a carne de cavalo; amanhã temos de pescar e depois de amanhã sacrificaremos outro animal. Amanhã avançaremos até a nova aguada. A asma esteve implacável; apesar de me repugnar a separação, terei de mandar um grupo adiante: Benigno e Júlio se ofereceram como voluntários; falta examinar a disposição de Nato.

6

Fez-se a mudança de acampamento; infelizmente, não eram três horas de caminho, apenas uma, o que indica ainda estarmos longe. Benigno, Urbano, *El Camba* e León continuam a abrir a picada, enquanto Miguel e Aniceto foram explorar o novo riacho até a sua confluência com o Rosita. À noite ainda não tinham voltado, pelo que foram tomadas precauções, tanto mais que eu ouvira algo como um tiro de morteiro a distância. Inti, Chapaco e eu dissemos algumas palavras alusivas ao dia de hoje, o da Independência Boliviana.

h – 720 m.

7

Às 11 da manhã já tinha dado como perdidos Miguel e Aniceto; ordenei a Benigno que avançasse, com muitas precauções, até a desembocadura do Rosita e investigasse um pouco que direção teriam tomado, se é que tinham chegado até lá. Contudo, às 13 horas apareceram os perdidos que, simplesmente, encontraram dificuldades no caminho e anoiteceu antes de alcançarem o Rosita. Foram horas bem amargas as que Miguel me fez passar. Permanecemos no mesmo local, mas os picadores encontraram outro riacho e para lá nos mudaremos amanhã. Hoje morreu Anselmo, o cavalo velho, e só nos resta apenas um animal de carga. A minha asma segue sem variantes, mas os medicamentos chegam ao fim. Amanhã tomarei uma decisão sobre o envio de um grupo a Nacahuasu. Completam-se hoje nove meses exatos desde a constituição da guerrilha, com a nossa chegada.

Dos seis primeiros, dois estão mortos, um desaparecido e dois feridos; eu com asma, que não sei como cortá-la.

8

Caminhamos uma hora, que para mim foram duas, por causa do cansaço da escancelada égua. Numa das suas paragens, meti-lhe uma navalhada no pescoço, abrindo-lhe uma grande ferida. O novo acampamento deve ser o último com água até chegarmos ao Rosita ou ao rio Grande; os picadores estão a 40 minutos daqui (2-3 quilômetros). Designei grupo de oito homens para cumprir a seguinte missão: saem amanhã daqui caminhando todo o dia; no dia seguinte, *El Camba* regressa com as notícias do que houver; no outro dia, regressam Pablito e Dario com as notícias desse dia; os cinco restantes prosseguem até a casa de Vargas e aí regressam *El Coco* e Aniceto, com informações de como vai a coisa; Benigno, Júlio e Nato seguem até ao Nacahuasu para trazerem do esconderijo os meus remédios. Devem ir com o máximo cuidado para evitar emboscadas; nós os seguiremos e os pontos de reunião são a casa de Vargas ou mais acima, segundo nossa velocidade, o riacho que está em frente do esconderijo no rio Grande, o Masicuri (Honorato) ou o Nacahuasu. O Exército anuncia ter descoberto um depósito de armas em um dos nossos acampamentos.

À noite nos reunimos, fazendo-lhes a seguinte admoestação: estamos numa situação difícil; Pacho se recupera, mas eu estou um farrapo e o episódio da égua prova que, por alguns momentos, cheguei a perder o controle; isso modifica-se, mas a situação deve pesar exatamente sobre todos e quem não se sinta capaz de superá-la deve dizê-lo. É um dos momentos em que se devem tomar as grandes decisões; este tipo de luta nos dá a oportunidade de nos convertermos em revolucionários, o mais alto escalão da espécie humana, mas também nos permite nos graduar como homens. Os que não puderem alcançar um e outro estágio devem dizê-lo e abandonar a luta. Todos os cubanos e alguns bolivianos declararam querer prosseguir até o fim. Eustáquio disse o mesmo, mas expôs uma crítica acerca de Mugungo, por levar a mochila na mula e não carregar lenha, o que provocou uma resposta colérica do criticado; Júlio fustigou Moro e Pacho por circunstâncias parecidas e uma nova resposta furiosa, desta vez de Pacho. Encerrei a discussão dizendo que estavam sendo debatidas duas coisas de uma hierarquia muito distinta: uma era se todos estavam ou não dispostos a prosseguir na luta; a outra, não passava de desavenças de pouca importância, ou problemas internos da guerrilha, que roubavam grandeza à decisão suprema. Não gostei do modo como Eustáquio e Júlio apresentaram suas críticas, nem das reações de Moro e Pacho. Definitivamente, temos de ser mais revolucionários e ser exemplo.

h – 780 m.

9

Saíram pela manhã os oito exploradores. Os picadores, Miguel, Urbano e León, distanciaram-se mais 50 minutos do acampamento. Abriu-me um furúnculo no calcanhar, o que não me permite apoiar o pé; muito dolorido e com febre. Pacho, muito bem.

10

Antonio e Chapaco saíram à caça, apanhando um pequeno gamo e um peru; exploraram o primeiro acampamento, onde não há novidades, e trouxeram uma carga de laranjas. Comi duas e tive imediatamente um acesso de asma, mas não muito intensa. Às 13h30 chegou *El Camba*, um dos oito, com as seguintes notícias: ontem dormiram sem água e hoje continuaram até às 9 sem a encontrar. Benigno fez uma exploração do lugar e seguirá rumo ao Rosita para conseguir água. Pablo e Dario só voltarão no caso de chegar água. Extenso discurso de Fidel em que investe contra os partidos tradicionais e, sobretudo, contra o venezuelano; parece que a bronca nos bastidores foi grande. Voltaram a me fazer o curativo; estou melhorando mas não estou bem. Contudo, devemos partir amanhã para aproximar mais nossa base dos "macheteros", que só avançaram 35 minutos no dia.

11

Avançamos lentamente. Às 16 chegaram Pablo e Dario com uma nota de Benigno em que ele anuncia estar perto do Rosita e calcula três dias mais até a casa de Vargas. Pablito saiu às 8h15 da aguada onde pernoitaram e às 15, aproximadamente, cruzou-se com Miguel, de modo que falta muito para chegar. Parece que o peru me fez mal à asma e ofereci o restante da minha ração para Pacho. Mudamos de acampamento, para nos instalarmos num riacho que desaparece ao meio-dia e reaparece à meia-noite. Choveu e não faz frio. Muito mosquito.
h – 740 m.

12

Dia pardo. Os "macheteros" avançaram pouco na picada. Aqui não houve novidades nem muita comida; amanhã sacrificaremos outro cavalo, que deverá durar seis dias. A asma estacionou em um nível decente. Barrientos anunciou o caso das guerrilhas e voltou a ameaçar uma intervenção em Cuba: estúpido como sempre. O rádio anunciou um combate nos arredores de Monteagudo, com um morto da nossa parte: Antonio Fernandez, de Tarata. Parece-se muito com o nome de Pedro, que é de Tarata.

13

Miguel, Urbano, León e *El Camba* saíram para acampar na aguada descoberta por Benigno e avançar partindo daí. Levam comida para três dias, isto é, pedaços do cavalo de Pacho, sacrificado hoje. Restam quatro animais e tudo parece indicar que teremos de abater outro antes de chegarem os mantimentos. Se tudo correr bem, *El Coco* e Aniceto devem chegar aqui amanhã. Arturo caçou dois perus que me foram adjudicados, em virtude de já quase não haver milho. Chapaco dá provas crescentes de desequilíbrio. Pacho melhora a bom ritmo e minha asma tem tendência a aumentar desde ontem. Agora tomo três pílulas diárias. O pé está quase bom.

14

Dia negro. Foi sombrio nos afazeres e não houve atividade alguma, mas à noite o noticiário comunicou a descoberta do esconderijo para onde iam os nossos enviados, com uma descrição e detalhes tão exatos que não é possível duvidar. Agora estou condenado a sofrer asma por prazo indefinido. Também apreenderam documentos de todos os tipos e fotografias. É o golpe mais duro que nos infligiram até hoje. Alguém falou. Quem? É a incógnita.

15

De madrugada enviei Pablito com um recado para Miguel: que despachasse dois homens em busca de Benigno, desde que *El Coco* e Aniceto não tivessem chegado, mas encontrou-os pelo caminho e regressaram os três. Miguel mandava dizer que ia ficar onde a noite o surpreendesse e que lhe mandassem um pouco de água. Enviamos Dario com a recomendação de que amanhã sairíamos todos, de qualquer maneira, mas cruzou-se com León que vinha avisar que o caminho estava concluído. Uma emissora de Santa Cruz informou terem sido feitos dois prisioneiros pelo Exército, pertencentes ao grupo de guerrilha de Muyupampa. Já não cabem dúvidas: é o grupo de Joaquim e deve estar muito acossado, sobretudo se esses dois prisioneiros falaram. Faz frio, mas não passei uma noite ruim. Vão ter de me abrir outro abcesso no mesmo pé. Pacho já teve alta. Foi anunciado outro choque em Chuyuyako, sem baixas para o Exército.

16

Caminhamos 3h40 e 1h de pausa, por uma picada relativamente boa. A mula jogou-me fora ao picar-se num pau, mas não me aconteceu nada; o pé melhora. Miguel, Urbano e *El Camba* continuaram a desbastar mato e chegaram ao Rosita. Era hoje o dia em que Benigno e seus companheiros deviam chegar ao esconderijo e os aviões sobrevoaram várias vezes a zona. Isso pode ser devido a algum rastro que eles tenham deixado nas cercanias de Vargas ou alguma tropa que esteja descendo pelo Rosita, ou avance pelo rio Grande. À noite, preveni todos sobre os perigos da encruzilhada e tomaram-se providências para avanço de amanhã.

h – 600 m.

17

Saímos de madrugada e chegamos ao Rosita às 9 horas. *El Coco* pensou ter ouvido dois tiros; deixou-se uma emboscada, mas não houve novidade. Atingimos o rio Grande às 16h30, após uma progressão lenta, e aí acampamos. Pensava reiniciar a marcha com a lua, mas estávamos exaustos. Temos carne de cavalo para dois dias, racionada; quanto a mim, milho para um. Será preciso abater outro animal, segundo todos os indícios. O rádio anuncia que apresentará documentos e provas das quatro covas do Nacahuasu, o que significa ter também caído nas mãos deles o esconderijo dos Macacos. Dadas as circunstâncias, a asma tratou-me bem.

h – 640 m (uma coisa ilógica, se considerarmos que ontem foram 600 metros).

18

Saímos mais cedo do que o habitual, mas foi preciso cruzar quatro vaus, um deles razoavelmente profundo. Por isso chegamos às 14 horas ao riacho e nos deixamos cair como mortos, descansando. Não houve atividade. Há nuvens de mosquitos na região e as noites continuam frias. Inti veio me informar que *El Camba* quer dar o fora; segundo ele, suas condições físicas não lhe permitem continuar e, além disso, já não vê perspectivas na luta. Naturalmente, é um caso típico de covardia e seria uma medida de saneamento deixá-lo ir, mas agora conhece o nosso futuro itinerário para nos unirmos a Joaquim e não pode sair. Falarei amanhã com ele e Chapaco.

h – 680 m.

19

Miguel, *El Coco*, Inti e Aniceto saíram em exploração para encontrar o melhor caminho até a casa de Vargas, mas não há nada de novo e, ao que parece, teremos de ir pela picada velha. Arturo e Chapaco foram caçar e abateram um pequeno gamo; e o mesmo Arturo, estando de sentinela com Urbano, caçou um tapir, o que pôs o acampamento sob tensão, pois foram sete tiros. O animal dará carne para quatro dias, o gamo, um dia e há uma reserva de feijão e sardinhas de lata: total, seis dias. Parece que o cavalo branco, o próximo da lista, tem uma probabilidade de salvar a pele. Falei com *El Camba*, fazendo-o ver que não poderá sair enquanto não se definir o nosso próximo passo, que é a reunião com Joaquim. Chapaco declarou que não iria, pois considerava isso uma covardia, mas queria que, pelo menos, lhe déssemos uma esperança de poder sair dentro de seis meses ou um ano. Disse-lhe que sim e respondeu uma série de coisas desconexas. Não está bem. Os noticiários estão cheios de Debray, dos outros acusados nem se fala. Nada de Benigno; já poderia estar aqui.

20

Os "macheteros" Miguel e Urbanos, os meus "obras públicas", Willy e Dario avançaram pouco, pelo que resolvemos ficar mais um dia aqui. Chapaco caçou um macaco e uma pequena corça. Eu comi corça e à meia-noite tive um forte ataque de asma. *El Medico* continua doente; lumbago, ao que parece, mas aliado ao estado geral precário converte-o num inválido. Não há notícias de Benigno; a partir deste momento já arranjei uma preocupação. O rádio informa a presença de guerrilheiros a 25 quilômetros de Sucre.

21

Mais um dia no mesmo lugar e sem notícias de Benigno e seus companheiros. Caçaram-se cinco macacos. Moro, *El Medico* continua mal do lumbago e apliquei-lhe uma meperidina. A minha asma não funciona com animais da família do veado.

22

Movimentamo-nos, finalmente, mas antes houve um alarme porque viram um homem que, segundo parecia, ia fugir pela praia. Afinal era Urbano, que se perdera. Fiz uma anestesia local em *El Medico*, que assim pôde viajar no lombo da égua, embora chegasse com dor; parece um pouco melhor. Pacho fez o caminho a pé. Acampamos na margem direita e com mais um pouco de trabalho de facão teremos uma vereda limpa até a casa de Vargas. Temos a carne de tapir para amanhã e depois. A partir de amanhã não podemos caçar. Faz dez dias que Benigno se separou de *El Coco* e nada de notícias.
h – 580 m.

23

O dia foi muito trabalhoso, pois tivemos de contornar um rochedo muito alto. O cavalo branco negou-se a avançar e o deixamos enterrado no lodaçal. Chegamos a uma cabana de caçadores, com sinais de ter sido recentemente habitada, e ficamos de tocaia. Daí a pouco caíram dois; explicam que têm várias armadilhas postas e tinham saído para verificar. Segundo eles, há Exército na casa de Vargas, em Tatarenda, Caraguatarenda, Ipitá, Yumón, e há um par de dias houve um reencontro em Caraguatarenda, com um militar ferido. Pode ser Benigno, impelido pela fome ou o cerco. Os homens anunciaram que amanhã viriam soldados pescar, vêm sempre em grupos de 15-20 homens. Distribuiu-se tapir e alguns peixes que tinham apanhado com um cartucho, e eu comi arroz, que me assentou muito bem. *El Medico* está melhor. Anunciou-se o adiamento do julgamento de Debray para setembro.

h – 580 m.

24

A alvorada foi às 5h30 e nos dirigimos para a quebrada por onde pensávamos seguir. A vanguarda iniciou a marcha e tinha percorrido alguns metros quando apareceram três camponeses pela outra margem. Chamamos Miguel e a sua gente e todos se emboscaram, aparecendo oito soldados. As instruções eram deixá-los cruzar o rio pelo vau em frente e alvejá-los quando estivessem próximos, mas os soldados não atravessaram; limitaram-se a dar uma volta e passaram junto dos nossos fuzis, sem que atirássemos. Os civis presos dizem ser apenas caçadores. Enviei Miguel e Urbano, com Hugo Guzmán, o caçador, para que seguissem um caminho no rumo oeste, mas cujo objetivo não se sabe qual é. Ao anoitecer voltaram os "macheteros" com as armadilhas, um condor e um gato meio apodrecido. Tudo foi tragado com os últimos pedaços de tapir; já nos restam apenas os feijões e o que for caçado. *El Camba* está atingindo o último extremo de degradação moral; já treme só de ouvir falar em guardas. *El Medico* continua com dor e administra-se talamonal; eu estou bem, mas com uma fome atroz. O Exército divulga novo comunicado, anunciando a descoberta de mais um esconderijo, que há dois feridos leves da sua parte e "baixas entre os guerrilheiros".

25

O dia decorre sem novidades. Alvorada às 5 horas e os "macheteros" saíram muito cedo. Sete soldados chegaram a alguns passos da nossa posição, mas não atravessaram. Nós os atacaremos amanhã, se a ocasião se apresentar. A picada não avançou o bastante para nos permitir progredir. A rádio anunciou um combate em Monte Dorado, que parece ser a jurisdição de Joaquim, e a presença de guerrilheiros a 3 quilômetros de Camiri.

26

Tudo saiu mal. Vieram os sete soldados, mas dividiram-se, cinco rio abaixo e dois para cruzá-lo. Antonio, que era o responsável pela emboscada, atirou antes do tempo e errou, permitindo que os dois homens retrocedessem correndo, em busca de reforços. Os outros cinco também se retiraram, aos saltos, correndo em zigue-zague, e Inti e *El Coco* caíram-lhes atrás, mas os soldados ainda conseguiram atirar-se ao chão e proteger-se num parapeito do terreno, rechaçando-nos. Enquanto eu observava a perseguição, notei como as balas picavam próximo de Inti e *El Coco*, por causa de tiros desfechados do nosso lado. Saí correndo e dei com Eustáquio alvejando-os, pois Antonio não o avisara e ele tomara os companheiros por soldados. Tive uma fúria tão grande que perdi o controle e agredi Antonio.

Saímos em marcha lenta, pois *El Medico* não dá muito, enquanto o Exército, recuperado, avançava pela ilha fronteira, uma coluna de vinte ou trinta. Não valia a pena enfrentá-los. O máximo que poderíamos conseguir era ferir dois ou três. Distinguiram-se *El Coco* e Inti por sua decisão. A coisa foi bem até que *El Medico* se esgotou e começou a atrasar ainda mais a marcha. Às 18h30 paramos, sem ter alcançado Miguel que, no entanto, estava poucos metros adiante e fez contato conosco. *El Moro* ficou em uma quebrada, sem poder escalar o último trecho, e dormimos separados em três partes. Não há indícios de perseguição.

h – 900 m.

27

O dia decorre em uma desesperada procura de saída, cujo resultado ainda não é claro. Estamos perto do rio Grande e já passamos Yumón, mas não se encontram novos vaus, de modo que se possa seguir pelo farelhão de Miguel, mas as mulas não poderão acompanhar tal percurso. Há uma possibilidade de atravessar uma cordilheira e seguir a direito para rio Grande–Masicuri, mas só amanhã saberemos se a travessia é viável. Eu estou muito bem agora, mas *El Medico* está pior e a água acabou, deixando para ele a pouca que resta. A notícia boa, o acontecimento bom do dia, foi a inesperada aparição de Benigno, Nato e Júlio. A sua odisseia foi tremenda, pois há soldados em Vargas, Yumón, e quase chocaram com eles. Depois seguiram a distância um destacamento que desceu pelo Saladillo e subiu pelo Nacahuasu, e verificaram que o Congri tem três pontões instalados pelo Exército. O esconderijo do Urso, onde chegaram no dia 18, é agora um acampamento antiguerrilha que tem pelo menos 150 soldados; foram quase surpreendidos, mas conseguiram afastar-se sem ser vistos. Estiveram na granja do avô, onde conseguiram abóboras, que é o que há, pois está tudo abandonado. Passaram outra vez os soldados, ouvindo nosso tiroteio, e ficaram dormindo perto para seguirem o nosso rastro até nos alcançarem. Benigno acha que a gente de Joaquim andou por aqui há alguns dias.

28

Dia sombrio e angustiante. Matamos a sede com figos-chumbos, que é um modo de enganar a garganta. Miguel enviou Pablito, com um dos caçadores, em busca de água e, ainda por cima, apenas com um revólver. Às 16h30 não regressara e despachei *El Coco* e Aniceto para que o localizassem; ninguém regressou durante a noite. A retaguarda postou-se no lugar da descida e não pude ouvir o rádio; parece haver uma nova mensagem. Sacrificou-se, finalmente, a égua, depois de nos acompanhar dois penosos meses; fiz todo o possível para salvá-la, mas a fome não perdoa e, pelo menos, agora só sofremos sede. Parece que amanhã também não haverá água.

O rádio deu uma informação de um soldado ferido na zona de Tatarenda. A incógnita, para mim, é esta: por que, sendo tão escrupulosos ao anunciarem as suas baixas, vão mentir no restante dos comunicados? E, se não mentem, quem são os que estão causando baixas no Exército, em lugares tão afastados como Caraguatarenda e Taperillas? A menos que Joaquim esteja dividido em dois grupos ou existam novos focos independentes.

h – 1.200 m.

29

Dia monótono e de inquietação. Os "macheteros" avançaram muito pouco e, numa dada altura, equivocaram-se no trajeto, julgando ir em direção ao Masicuri. Acampamos a 1.600 metros de altitude, num lugar relativamente úmido, onde se colhe uma cana selvagem cuja polpa mata a sede. Alguns companheiros – Chapaco, Eustáquio, *El Chino* – estão demorando por falta de água. Pelo rádio não houve grandes notícias: o julgamento de Debray prolonga-se de uma semana a outra.

30

A situação torna-se verdadeiramente angustiante: os "macheteros" sofrem desmaios, Miguel e Dario beberam a própria urina e outro tanto fez *El Chino*, com resultados nefastos: cãibras, vômitos e diarreia. Urbano, Benigno e Júlio desceram a uma ravina profunda e encontraram água. Avisaram-me que as mulas não poderiam descer ao fundo da garganta e decidi ficar com Nato, mas Inti subiu novamente com água e ficamos os três a comer a égua. O rádio não toca, de maneira que não houve notícias.

h – 1.200 m.

31

Pela manhã, Aniceto e León saíram em exploração, encosta abaixo, voltando às 16 horas com a notícia de que havia passagem para as mulas do acampamento, da água em diante. Ordenei a Miguel que faça amanhã um desvio no último rochedo e continue abrindo caminho para a frente, que nós faremos descer as mulas. Houve mensagem de Manila, mas não pode ser copiada.

ANÁLISE DO MÊS

Foi, sem dúvida, o pior mês que tivemos no que diz respeito à guerra. A perda de todos os esconderijos, com documentos e medicamentos, foi um golpe muito duro, sobretudo psicológico. A perda de dois homens e a subsequente marcha forçada, à carne de cavalo, desmoralizaram a coluna, surgindo o primeiro caso de renúncia, o de *El Camba*, cujo abandono constitui, na verdade, um lucro líquido, mas não nestas circunstâncias. A falta de contato com o exterior e com Joaquim, e o fato de que prisioneiros feitos em seu grupo tenham falado, também desmoralizaram um pouco a tropa. Minha doença semeou a incerteza em vários; e tudo isso se refletiu no nosso único encontro, em que tínhamos a obrigação de causar numerosas baixas ao inimigo e só fizemos um ferido. Entretanto, a difícil marcha pelas serras, sem água, fez sobressair alguns traços negativos em todos nós.

As características mais importantes são:

1º) Continuamos sem contato de nenhuma espécie e sem esperança razoável de o estabelecer em data próxima.
2º) Continuamos sem incorporação campesina, coisa lógica, aliás, se tivermos em conta o pouco contato que tivemos com os camponeses nos últimos tempos.
3º) Há um declínio, espero que momentâneo, no moral combativo.
4º) O Exército não aumentou sua eficácia nem sua agressividade.

Estamos em uma fase de baixa no nosso moral e na nossa lenda revolucionária. As tarefas mais urgentes continuam sendo as mesmas do mês passado: restabelecimento de contatos; incorporação de combatentes; suprimentos de remédios e equipamento.

Devo considerar que despontam, cada vez com maior firmeza, como líderes revolucionários e militares, Inti e *El Coco*.

CAPÍTULO 12

Setembro

1

Fizemos as mulas descer muito cedo, no meio de várias peripécias, que incluíram a queda espetacular do macho por um barranco. *El Medico* ainda não está recuperado, mas eu sim e caminho perfeitamente, levando a mula. O percurso foi mais extenso do que imaginava e só às 18h15 nos demos conta de que estávamos no riacho da casa de Honorato. Miguel adiantou-se a toda a velocidade, mas só chegou à estrada real, quando caiu a noite; Benigno e Urbano avançaram com precaução e nada notaram de anormal, pelo que se regressou à casa, que estava vazia, mas fora ampliada com vários barracões para o Exército, nesta ocasião oportunamente abandonados. Encontramos farinha, toucinho, sal e cabras, matando duas para o que nos pareceu um festim principesco, embora a noite fosse toda consumida entre o cozinhar e o comer. Nos retiramos de madrugada, deixando sentinelas na casa e na entrada do caminho.

h – 740 m.

2

De manhã muito cedo, retrocedemos para os terrenos de cultivo, deixando uma emboscada na casa, a cargo de Miguel e com *El Coco*, Pablo e Benigno. Do outro lado ficou uma sentinela. Às 8, *El Coco* veio avisar que parara um arrieiro procurando Honorato; são quatro e ordenou-se que fizesse passar também os outros. Tudo isso tardou, pois havia uma hora entre nosso posto e a casa. Às 13h50 soaram vários tiros e logo se soube que vinha um camponês com um soldado e um cavalo. *El Chino*, que estava de sentinela com Pombo e Eustáquio, lançou um grito: Um soldado!, e rodopiou o fuzil. O soldado atirou, sem acertar, e se pôs a correr. Pombo acertou-o e matou o cavalo. A minha zanga foi espetacular, pois isso já é o cúmulo da incapacidade. O pobre *El Chino* ficou amuado sem razão. Libertamos os quatro que, entrementes, tinham passado e nossos dois prisioneiros, enviando-os Masicuri acima. Aos arrieiros compramos um novilho por $700 e a Hugo entregamos $100 pelo seu trabalho, mais $50 por algumas coisas que levamos. Os arrieiros contaram que a mulher de Honorato queixava-se amargamente do Exército, pelas surras que tinham ministrado a seu marido e porque lhes comeram tudo quanto tinham. Quando os arrieiros passaram, há oito dias, Honorato estava em Valle Grande, recuperando-se de uma mordida de onça. De qualquer modo, alguém estava em casa, pois encontramos o fogo aceso ao chegar. Devido ao erro de *El Chino*, decidi sair de noite na mesma direção dos arrieiros e consegui alcançar a primeira casa, presumindo que os soldados eram poucos e teriam acompanhado a retirada; mas saímos demasiado tarde e só atravessamos o vau às 3h45 horas, sem encontrar a casa, e dormimos em um pasto, esperando que raiasse o dia.

O rádio transmitiu uma má notícia sobre o aniquilamento de dez homens dirigidos por um cubano chamado Joaquim, na zona de Camiri; contudo, foi *A Voz da América* quem deu essa notícia, ao passo que as emissoras locais nada disseram.

3

Como é de praxe aos domingos, também hoje houve choque. Ao amanhecer, saímos Masicuri abaixo até à desembocadura, e depois subimos pelo rio Grande; às 13 horas, saíram Inti, *El Coco*, Benigno, Pablito, Júlio e León, para tentarem chegar à casa se nela não estivesse o Exército e comprar as mercadorias que tornariam nossa vida mais suportável. Primeiro, o grupo capturou dois peões, que disseram que o dono não estava nem haver soldados, e que era possível conseguir víveres bastantes. Outras informações: passaram ontem cinco soldados a galope, sem parar na casa. Honorato passou há dois dias para sua casa, com dois dos filhos. Ao chegarem à casa do latifundiário, encontraram quarenta soldados que acabavam de entrar, produzindo-se uma refrega confusa em que os nossos mataram pelo menos um soldado, o que trazia um cão. Os soldados reagiram e rodearam o grupo, mas retiraram-se diante dos gritos. Não foi possível apanhar nem um grão de arroz. Outra informação aos camponeses: por esta zona não vivem guerrilheiros e a primeira informação que tiveram foi pelos arrieiros que passaram ontem. Outra vez *A Voz da América* deu uma informação sobre os combates com o Exército e agora citou um José Carrillo como único sobrevivente de um grupo de dez homens. Como esse Carrillo é *El Paco*, um dos que faziam o serviço de batéis, e o aniquilamento ocorreu em Masicuri, tudo parece indicar ser uma grande intrujice.

h – 650 m.

4

Um grupo de oito homens, sob o comando de Miguel, emboscou-se no caminho de Masicuri a Honorato, até às 13 horas, sem novidade. Entrementes, Nato e León rebocavam com muito trabalho uma vaca, mas depois conseguiram apoderar-se de dois magníficos bois mansos. Pedi voluntários para fazer uma incursão à procura de informações e mantimentos. Foram escolhidos Inti, *El Coco*, Júlio, Aniceto, Chapaco e Arturo, sob o comando de Inti. Ofereceram-se também Eustáquio, Pacho, Pombo e Antonio. As instruções de Inti são: chegar de madrugada à casa, observar o movimento, abastecer-se se não houver soldados; contorná-la e seguir adiante; se houver, conseguir capturar um; recordar que o fundamental é não sofrer baixas, recomenda-se a maior cautela.

5

O dia decorreu sem novidade alguma, esperando o resultado. Às 4h30 regressou o grupo trazendo uma mula e algumas mercadorias. Na casa do fazendeiro Morón tinham visto soldados, que estiveram prestes a descobrir o grupo pelo latir dos cães; segundo parece, mobilizam-se à noite. Contornaram essa casa e foram rompendo montanha acima até Montano, onde havia milho, de que se trouxe um quintal. Quando eram aproximadamente 12h, atravessaram o rio e dirigiram-se às casas do outro lado, que eram duas: de uma fugiu toda a gente e ali se requisitou a mula; na outra houve pouca colaboração e foi preciso recorrer a ameaças. As informações que deram é que nunca, até agora, tinham visto guerrilheiros e só à casa de Perez fora um grupo antes do carnaval (nós). Tudo ia bem, mas Arturo perdeu-se e resolveu dormir na vereda, perdendo-se duas horas na busca; deixaram algumas pegadas que podem permitir um rastreio, se o gado não apagar tudo; além disso, deixaram cair algumas coisas pelo caminho. O estado de espírito de todos mudou logo.

O rádio informa que não se pode identificar os guerrilheiros mortos, mas pode haver novidades a todo o momento. Decifrou-se o comunicado em que se diz que a OLAS foi um triunfo, mas a delegação boliviana... uma droga. Aldo Flores, do PCB, pretendeu ser o representante do ELN; tiveram de o desmentir. A casa de Lozano foi confiscada e ele está clandestino. Pensa-se que será possível trocar Debray. E é tudo. Evidentemente, não receberam nossa última mensagem.

6

O dia do aniversário de Benigno parecia prometer; pela madrugada fizemos um mingau de farinha e bebemos mate açucarado. Depois, Miguel, à frente de oito homens, foi montar a emboscada, enquanto León apanhava um novilho mais para levarmos. Como se fazia tarde, já passava das 10 horas, e não regressavam, mandei Urbano avisar que às 12 suspendessem a emboscada. Minutos depois, ouviu-se um disparo, depois uma rajada curta e soou um tiro na nossa direção. Quando tomávamos posições, chegou Urbano correndo; defrontara-se com uma patrulha que trazia cães. Com nove homens do outro lado, sem saber a sua distribuição precisa, o meu desespero era grande; melhorou-se o caminho, para retirar sem necessidade de chegar à margem do rio, e por ele enviei Moro, Pombo e *El Camba*, dirigidos por *El Coco*. Pensava transferir as mochilas e, ao mesmo tempo, manter contato com a retaguarda, se o permitissem, até que se reincorporasse ao grupo que, no entanto, podia cair numa emboscada. Contudo, Miguel reincorporou-se com todos os seus homens, cortando caminho pelo monte. Explicação do sucedido: Miguel avançou sem deixar sentinela na nossa pequena vereda, e dedicaram-se a procurar gado. León ouviu o ladrar de um cão e Miguel, na dúvida, decidiu retroceder; nesse momento, ouviram os disparos e notaram que uma patrulha passara entre eles e o monte, por uma outra vereda, e já os tinham na frente. Então só lhes restou descerem rompendo caminho pelo monte.

Retiramo-nos tranquilamente, com as três mulas, uma vaca e dois bois; e, após atravessarmos quatro vaus, dois impetuosos, fizemos o acampamento a uns 7 quilômetros do anterior e sacrificamos a vaca, comendo fartamente. A retaguarda informou que se ouviu um prolongado tiroteio na direção do primeiro acampamento, com abundância de metralhadoras.

h – 640 m.

7

Trajeto curto. Só atravessamos um vau e logo adiante tropeçamos com as dificuldades dos penhascos, decidindo Miguel acampar para nos esperar. Amanhã faremos boas explorações. A situação é esta: a aviação não nos procura por aqui, apesar de ter chegado ao acampamento e o rádio informar, inclusive, que sou o chefe do grupo. A interrogação é: terão medo? Pouco provável. Consideram impossível a passagem para as cumeadas? Com a experiência do que temos feito e, eles sabem, não creio. Querem nos deixar avançar para nos esperarem num ponto estratégico determinado? É possível. Creem que insistiremos na zona de Masicuri para nos abastecermos? Também é possível.

El Medico está muito melhor, mas eu tive uma recaída e passo a noite em branco. O rádio dá notícia sobre as valiosas informações prestadas por José Carrillo (*El Paco*); devia ser exemplarmente punido. Debray refere-se às imputações de *El Paco* contra ele dizendo que, por vezes, caçava, e por isso talvez o tenham visto de fuzil na mão. Rádio La Cruz del Sur, do Chile, anunciou ter sido encontrado o cadáver de Tânia, a guerrilheira, nas margens do rio Grande; é uma notícia sem os aspectos de veracidade da morte de *El Negro*, o médico peruano, em Palmarito. Segundo informa essa emissora, e só ela, o cadáver de Tânia foi transportado para Santa Cruz, no Altiplano. Falei com Júlio: está muito bem, mas sente falta de contato e de incorporação de gente.

8

Dia tranquilo. Armaram-se emboscadas de oito homens, de manhã à noite, a cargo de Antonio e Pombo. Os animais comeram bem num bambual próximo. Aniceto e Chapaco foram explorar o rio para montante e voltaram com a notícia de que o passo para os animais estava relativamente bom. Mandei Miguel e Aniceto procederem a uma exploração mais prolongada e, segundo Miguel, será muito difícil fazer passar os animais. Amanhã, insistiremos por essa banda, pois sempre existe a possibilidade de que os animais passem sem carga e pela água.

Ouvi no rádio a informação de que Barrientos assistira ao sepultamento dos restos mortais da guerrilheira Tânia, a quem se deu "sepultura cristã", e depois esteve em Puerto Maurício, que é a casa de Honorato: fez uma proposta aos bolivianos ludibriados, aos que não lhes pagam os salários prometidos, para que se apresentem nos postos do Exército. Um pequeno avião bombardeou de Honorato para baixo, como se quisesse fazer uma demonstração a Barrientos.

Um diário de Budapeste critica *Che* Guevara, figura patética e, segundo parece, irresponsável – e saúda a atitude marxista do Partido Chileno, que toma atitudes práticas. Como eu gostaria de chegar ao poder nada mais do que para desmascarar covardes e lacaios, toda essa reles fauna, e esfregar-lhes no focinho toda essa sujeira.

9

Miguel e Nato foram de exploração, voltando com a notícia de que se pode passar, mas os animais terão de cruzar a nado; para os homens há vau. Há um bom riacho na margem esquerda do local onde acamparemos. Continuarão as emboscadas de oito homens, a cargo de Antonio e Pombo. Não houve novidades. Falei com Aniceto: parece estar firme, embora eu pense que há vários bolivianos "afrouxando". Queixou-se da falta de trabalho político de *El Coco* e Inti. A única notícia no rádio é a suspensão do julgamento de Debray até 17 de setembro, pelo menos.

10

Dia mau. Começou sob bons auspícios, mas depois os animais ressentiram-se de um caminho tão mau e, por fim, o macho já não andava, ficou para trás e vimo-nos obrigados a deixá-lo na outra banda. A decisão foi de *El Coco*, devido a uma crescente impetuosidade da corrente naquela parte do rio, mas ficaram do outro lado quatro armas, entre elas a de Moro e três projéteis antitanques para a arma de Benigno. Atravessei o rio a nado com a mula, mas perdi os sapatos dentro da água, e agora estou de tamancos, no que não vejo graça nenhuma. Nato fez um embrulho com as roupas e armas, envolvendo tudo num pedaço de oleado, e lançou-se à água, quando a corrente estava brava. Perdeu tudo na travessia. León e a outra mula quase se afogaram, pois deixaram que a corrente os levasse demasiado para baixo, onde há um remoinho. Afinal, todos chegamos à outra margem e, pouco depois, alcançávamos o riacho que era a nossa meta. *El Medico* está em péssimas condições, com dores nevrálgicas que o atormentam de noite.

Aviões e helicópteros sobrevoaram a zona; o helicóptero não me agrada nada, pois pode estar colocando emboscadas no rio. Amanhã sairão explorações rio abaixo e rio acima, para localizarmos exatamente o ponto em que estamos. h. – 780 m, caminho, 3-4 quilômetros. Esquecia-me de registrar um acontecimento: hoje, depois de seis meses e pico, tomei banho. Constitui um recorde que vários estão para alcançar.

11

Dia tranquilo. Os exploradores saíram para montante do rio e do riacho; os do rio regressaram ao entardecer com a notícia de que, muito provavelmente, daria passagem quando a maré baixasse um pouco mais, havendo praias por onde os animais podem caminhar. A exploração do riacho foi mais superficial e Benigno estava de volta, com Júlio, às 12 horas. Nato e *El Coco* foram, apoiados pela retaguarda, buscar as coisas que estavam para trás, passando o macho e deixando só o saco com as anilhas de balas de metralhadora. Houve um incidente desagradável: *El Chino* veio me dizer que Nato assara e comera um bife inteiro diante dele; fiquei danado com *El Chino*, pois competia-lhe impedir tal ação, mas, nas averiguações, a coisa se complicou, pois não houve meio de esclarecer se *El Chino* tinha autorizado ou não. Este pediu sua substituição e voltei a nomear Pombo para o cargo, mas o incidente foi um pedaço amargo para o próprio *El Chino*, sobretudo.

O rádio me trouxe esta manhã uma novidade: Barrientos afirmava que eu já estava morto há muito tempo e tudo não passava de propaganda. Mas, à noite, chegou a notícia de que oferecia $50.000 (4.200 dólares) por quaisquer dados que facilitassem minha captura, vivo ou morto. Foram lançados panfletos sobre a região, provavelmente com minhas características físicas. Requeterán diz que a oferta de Barrientos pode ser considerada psicológica, uma vez que é conhecida a tenacidade dos guerrilheiros, os quais se preparam para uma guerra prolongada. Falei demoradamente com Pablito. Como todos, está preocupado com a falta de contatos e acha que nossa tarefa básica é restabelecê-los com a cidade, mas se revelou firme e decidido, "de Patria o Muerte" e até onde for preciso ir.

12

O dia começou com um episódio tragicômico. Às 6 horas, Eustáquio veio avisar que avança gente pelo riacho; chamou às armas e mobilizou-se toda a gente. Antonio também viu e quando lhe pergunto quantos são, responde-me de mão espalmada: cinco. Afinal não passou de uma alucinação, perigosa para o moral da tropa, pois se começou logo a falar em psicose. Conversei imediatamente com Antonio e é evidente que não está em condições normais: as lágrimas rolaram-lhe pelo rosto, mas negou que tivesse qualquer preocupação, só o incomodava a falta de sono, pois é ajudante há seis dias, pelo fato de ter adormecido em seu quarto de sentinela, negando-o depois.

Parece que o oferecimento de Barrientos provocou certa sensação; em todo caso, um jornalista demente opinava que 4.200 dólares era pouco dinheiro, tendo em conta a minha periculosidade. A Rádio de Havana informou que a OLAS recebera uma mensagem de apoio do ELN. Milagres da telepatia!

13

Dia sem novidades. Os exploradores prosseguem seus reconhecimentos ao longo do rio, procurando uma passagem. Falei com Dario, expondo-lhe o problema de sua partida, se assim o deseja; respondeu prontamente que sair era muito perigoso, mas adverti-o de que isto aqui não é um refúgio e que, se decidir ficar, é de uma vez para sempre. Ele disse que sim e que corrigiria seus defeitos. Veremos.

Pelo rádio, a única notícia foi o tiro para o ar que sopraram em Debray pai e que ao filho sequestraram todos os documentos preparatórios para a defesa, com o pretexto de que esta não deve se converter em comício político.

14

Dia cansativo. Às 7 saiu Miguel com a vanguarda e Nato. Levava instruções para caminhar o mais possível por esse lado e construir uma balsa onde fosse possível vadear.

Antonio ficou emboscado com a retaguarda; deixamos um par de M-1 em uma gruta que Nato e Willy conhecem. Às 3h30, dada a falta de notícias, iniciamos a marcha. Não se podia andar para mula e eu, com um princípio de ataque de asma, tive de deixar o animal para León e prosseguir a pé. A retaguarda recebeu ordem de iniciar a marcha às 15, se não houvesse contra-ordem. Aproximadamente a essa hora chegou Pablito com a notícia de que o boi estava diante do ponto de travessia dos animais e a balsa estava sendo construída um quilômetro para montante. Esperei que chegassem os animais e só atravessaram às 18h15, depois que se enviou gente para ajudá-los. A essa hora cruzaram as mulas (o boi já passara antes) e seguimos a passo apressado até onde estava a balsa, verificando que, deste lado, ainda estavam doze homens: só tinham passado dez. Assim divididos, passamos a noite comendo a última ração de boi, já meio podre.

h – 720 m; percurso 2-3 quilômetros.

15

O trecho percorrido foi um pouco mais extenso, de 5 a 6 quilômetros, mas ainda não alcançamos o rio La Pesca, pois tivemos que passar duas vezes os animais, e uma das mulas nega-se às travessias. O rádio dá a notícia da detenção de Loyola, as fotos devem ser as culpadas. Morreu o touro que nos restava, às mãos do verdugo, naturalmente.

h – 780 m.

16

Gastamos o dia na confecção da balsa para atravessar o rio, caminhando apenas 500 metros até o acampamento, onde existe um pequeno manancial. A travessia foi feita sem novidades, numa boa balsa que era manobrada com remos de um lado e outro. À noite houve um incidente provocado pela denúncia de Eustáquio de que Nato estaria comendo mais do que sua ração. Outra situação penosa criada pela comida. *El Medico* também me expôs outro problema sobre a sua doença e a opinião que todos nós tínhamos dela, por causa de umas manifestações de julho. Tudo isso me parece sem importância.

h – 820 m.

17

Dia estomatológico. Extraí dentes a Arturo e Chapaco. Miguel fez a sua exploração até o rio e Benigno fez um reconhecimento do caminho. As notícias são de que as mulas podem subir mas antes devem nadar, cruzando e recruzando o rio.

Em honra de Pablito fez-se para ele um pouco de arroz: 22 anos e é o caçula da guerrilha. As emissoras de rádio só falam do adiamento do julgamento de Debray e de um protesto contra a prisão de Loyola Guzmán.

18

Reiniciamos a marcha às 7 horas, mas logo chegou Miguel com a notícia de que do outro lado do cotovelo do rio vinham três camponeses e não sabia se nos teriam visto ou não. Ordenei que os detivessem. Chapaco encenou a sua inevitável representação heroica, acusando Arturo de lhe ter roubado 15 balas do seu carregador; é sinistro e a única coisa boa consiste em que, embora implique com os cubanos, nenhum boliviano faz caso. As mulas fizeram todo o trajeto sem nada, mas, ao atravessar um barranco, foi-se nos a mula preta, o que foi uma pena. Despenhou-se de mais de 50 metros de altura. Aprisionamos os quatro camponeses que iam, com seus burricos, a Piraypandi, um rio situado a uma légua, e informaram que as margens do Rio Grande estavam Aladino Gutierrez e sua gente caçando e pescando. Benigno cometeu a imprudência de se deixar ver e depois deixar passar o camponês, a mulher e outro campesino. Quando soube disso a zanga foi monumental e chamei a isso um ato de traição, o que provocou em Benigno uma crise de pranto. Todos os camponeses foram avisados de que sairão amanhã conosco para Litano, o povoado onde vivem, 6 a 8 léguas daqui. Aladino e sua mulher são meio desconfiados e custou muito conseguir que nos vendessem comida. O rádio deu agora a notícia de duas tentativas de suicídio de Loyola, "por temor das represálias guerrilheiras" e da prisão de vários professores que, se não estão implicados, pelo menos simpatizam com o nosso movimento. Parece que apreenderam a Loyola muitas coisas em casa, mas eu não ficaria surpreendido se tudo dependesse das fotos do esconderijo.

Ao anoitecer, a avioneta e o avião Muntang sobrevoaram a zona de forma suspeita.

h – 800 m.

19

Não saímos muito cedo porque os camponeses não encontravam os seus burricos. Afinal, depois de uma boa descompostura minha, pusemo-nos em marcha com a caravana de presos. Quando chegamos a um recôncavo do rio, nos encontramos com a notícia de que tinham sido feitos mais três prisioneiros; a vanguarda acabara de sair e pensava chegar a uma fazenda de cana, a duas léguas. Foram intermináveis essas duas léguas, no passo lento em que avançávamos. Chegamos à fazenda às 9 da noite e a retaguarda chegou quase meia hora depois. Tive uma conversa com Inti acerca de algumas debilidades suas no tocante à comida e respondeu-me, contrafeito, que era verdade e que faria uma autocrítica pública quando estivéssemos sem estranhos, mas negou algumas das acusações. Passamos altitudes de 1.440 metros e estamos agora a 1.000; daqui a Lucitano há três horas de caminho, talvez quatro, dizem os pessimistas. Por fim, comemos porco e os açucareiros puderam se encher de rapadura.

O rádio insiste no caso Loyola; os professores estão em greve, os alunos secundários onde Higueras, um dos detidos, ensinava, estão em greve de fome e os operários da indústria petrolífera ameaçam a greve se não for criada a empresa nacional do petróleo.

Sinais dos tempos: acabou a tinta.

20

Decidi sair às 15 horas para chegar a Lucitano já ao anoitecer, pois diziam que era um percurso fácil de três horas, mas diversos inconvenientes atrasaram a viagem até às 17 horas e uma escuridão completa nos surpreendeu em plena ascensão. Apesar de termos acendido um archote, só chegamos às 23 à casa de Aldino Gutierrez, que nada tinha de alimentos, embora se conseguisse cigarros e outras insignificâncias. Nada de roupa. Dormimos um pouco para iniciar a marcha às 3, rumo a Alto Seco, que dista 4 léguas, pelo que dizem. Usei o telefone do corregedor, mas não funciona há anos e, além disso, a linha está cortada. O corregedor chama-se Vargas e ocupa o cargo há pouco tempo. Marchamos por altitudes de 1.800 metros e Lucitano está a 1.400 m. A caminhada até o povoado foi de mais duas léguas.

21

Às 3 saímos, com bom luar, pelo caminho explorado de antemão, e avançamos até às 9 da manhã sem encontrar viv'alma atingindo a altitude de 2.040 metros, a mais alta por nós alcançada. Nessa altura, cruzamos com dois arrieiros, que indicaram nosso caminho para Alto Seco, apenas a 2 léguas. Quando chegamos às primeiras casas da decida, compramos alguns víveres e fomos fazer a refeição na casa do prefeito; mais tarde passamos por um moinho de milho, movido a força hidráulica, nas margens do Piraymini (1.400 m). A gente daqui tem muito medo e foge assim que nos vê. Perdemos um tempo imenso, devido à nossa pouca mobilidade. As 2 léguas até Alto Seco fizeram-se das 12h35 às 5.

22

Quando chegamos ao centro de Alto Seco, verificamos que o corregedor saíra na véspera, para avisar que estávamos perto; em represália, carregamos tudo o que havia na sua quitanda. Alto Seco é uma vila de cinquenta casas, a 1.900 metros de altitude, que nos recebeu com uma temperada mistura de medo e curiosidade. A máquina de aprovisionamento começou a funcionar e em breve tínhamos no nosso acampamento, uma casa abandonada perto da aguada, uma respeitável quantidade de comestíveis. A caminhonete que devia chegar de Valle Grande não apareceu, o que confirma a versão de que o corregedor foi avisar; entretanto, tive de suportar os prantos de sua mulher que, em nome de Deus e de seus filhos, pedia que lhe pagássemos a mercadoria, o que eu recusei fazer. À noite, Inti fez uma palestra no local da escola a um grupo de quinze assombrados e calados camponeses, explicando-lhes o alcance da nossa revolução. O mestre-escola foi o único que interveio para perguntar se combatíamos nas povoações; é uma mistura de raposa, letrado e ingenuidade infantil. Perguntou uma porção de coisas sobre o socialismo. Um rapagão prontificou-se a nos servir de guia, mas nos preveniu que tivéssemos cuidado com o professor, a quem qualificou de raposa sabida. Saímos à 1h30 na direção de Santa Elena, onde chegamos às 10.

h – 1.300 m.

Barrientos e Ovando deram uma coletiva imprensa em que apresentaram todos os dados dos documentos e consideraram liquidado o grupo de Joaquim.

23

O lugar era um lindíssimo laranjal, que ainda conservava boa quantidade de fruta. Passamos o dia a descansando e dormindo, mas precisamos estabelecer muitas sentinelas. À 1 hora nos levantamos e às 2 saímos na direção de Loma Larga, onde chegamos ao amanhecer. Vamos muito carregados e a marcha é lenta. Empanturrei-me com a comida de Benigno.

24

Chegamos ao povoado que se chama Loma Larga, eu com um ataque de fígado, vomitando, e todos muito esgotados por caminhadas que nada rendem. Decidi passar a noite no entroncamento da estrada para Pujio e matamos um porco vendido pelo único camponês que ficou em sua casa: Sóstenos Vargas. Os outros fogem apavorados ao nos verem.

h – 1.400 m.

25

Chegamos cedo a Pujio, mas aí havia gente que nos vira em baixo no dia anterior, quer dizer, estamos sendo antecedidos pela rádio delatora. Pujio é um pequeno povoado no cocuruto da montanha e a gente que fugiu ao nos ver, depois foi-se acercando e acabou por nos tratar bem. De madrugada saíra um guarda civil que tinha aqui vindo prender um devedor de Serrano e escoltá-lo até Chuquisaca; estamos num ponto em que convergem três departamentos. Andar pela estrada com mulas torna-se perigoso, mas empenho-me em que *El Medico* se desloque com a maior comodidade possível, pois está extremamente débil. Os camponeses dizem ignorar o que seja Exército em toda esta região. Avançamos, com muitas paradas, até chegar a Tranca Mayor, onde dormimos à beira da estrada, pois Miguel não tomou as precauções por mim exigidas. O corregedor de Higueras está por esta zona e demos ordem aos postos avançados para o deter, assim que apareça.

h – 1.800 m.

Inti e eu falamos com *El Camba*, que se comprometeu a nos acompanhar até Higueras, localidade situada perto de Pacurá, onde trataria de escapulir até Santa Cruz.

26

Derrota. Chegamos de madrugada a Picacho, quando o sol rompia. Estava em festa e é o ponto mais alto que alcançamos: 2.280 metros. Os camponeses nos trataram muito bem e prosseguimos sem demasiados temores, apesar de Ovando garantir a minha captura de um momento para o outro. Ao entrarmos em La Higuera tudo mudou: tinham desaparecido os homens e só se via uma ou outra mulher. *El Coco* foi à casa do telegrafista, pois há telefone, e trouxe uma comunicação do dia 22, em que o subprefeito de Valle Grande comunica ao corregedor que, se tiver notícias da presença guerrilheira na zona, deve comunicá-las a V. G., onde pagarão as despesas; o homem fugira, mas a mulher garantiu que hoje ninguém falara porque na povoação vizinha de Jaguey estão em festa. Às 13 horas saiu a vanguarda para alcançar Jaguey e aí tomar uma decisão sobre as mulas e *El Medico*; pouco depois falava com o único homem do povoado, muito assustado, quando chegou um comerciante de cocaína que dizia vir de V. G. e Pucará e não vira coisa nenhuma de insólito por aquelas bandas. Também estava muito nervoso, mas atribuía-o à nossa presença e deixei seguir os dois, apesar das mentiras que nos disseram. Quando subia para a crista da colina, 13h30 aproximadamente, os disparos de uma ponta à outra da encosta anunciaram que os nossos tinham caído em uma emboscada. Organizei a defesa no povoado, para esperar os sobreviventes, e vi como único recurso um caminho que vai sair ao rio Grande. Daí a pouco surgia Benigno ferido, e logo Aniceto e Pablito, com um pé em más condições, Miguel, *El Coco* e Júlio tinham caído, e *El Camba* desaparecera, largando a mochila. A retaguarda avançou rapidamente pelo caminho e eu a segui, levando ainda as duas mulas; os de trás receberam o fogo muito próximo e Inti perdeu o contato. Depois de esperá-lo meia hora em uma emboscada e de ter recebido mais fogo dos atiradores colocados na encosta, decidimos deixá-lo, mas, instantes depois, nos alcançou. Nesse momento, vimos que León tinha desaparecido e Inti afirmou ter visto sua mochila caída em uma ribanceira por onde teve de fugir. Nós vimos um homem que caminhava apressadamente por uma garganta e concluímos que era ele.

Para despistar o inimigo, soltamos as mulas pelo desfiladeiro abaixo e seguimos por uma estreita garganta onde corria um riacho de água salobra. E dormimos, pois era impossível avançar.

27

Às 4 horas reiniciamos a marcha, tratando de encontrar um lugar para subir, coisa que se conseguiu às 7, mas para o lado contrário ao que pretendíamos. Em frente havia uma colina pelada, de aparência inofensiva. Subimos um pouco mais, para ficarmos a salvo da aviação em um bosque muito esparso, e aí descobrimos que a vertente tinha um caminho aberto, embora por ele ninguém tivesse transitado todo esse dia.

Ao entardecer, um camponês e um soldado subiram a encosta até meio caminho e ficaram zanzando por ali, sem nos verem. Aniceto acaba de fazer uma exploração e viu em uma casa próxima um numeroso grupo de soldados; era o caminho mais fácil para nós e estava cortado agora. Pela manhã, vimos subir, numa colina próxima, uma coluna cujos objetos brilhavam ao sol e depois, ao meio-dia, ouviram-se tiros isolados e algumas rajadas; mais tarde, os gritos de "Aí está ele", "Sai daí", "Vai sair ou não?", acompanhados de tiros. Não sabemos a sorte do homem e presumimos que seja *El Camba*. Saímos ao entardecer, procurando descer até a água pelo outro lado, e paramos em um matagal pouco mais denso do que o outro; foi preciso ir buscar água na mesma garganta, pois um enorme penhasco não nos deixa fazê-lo aqui.

O rádio noticiou que tínhamos enfrentado a Companhia Galindo, deixando três mortos que seriam trasladados a V. G. para fins de identificação. Não aprisionaram, segundo parece, *El Camba* e León. As nossas baixas foram muito grandes desta vez; a perda mais sensível é a de *El Coco*, mas Miguel e Júlio eram magníficos lutadores e o valor humano dos três é imponderável.

León pintava bem.

h – 1.400 m.

28

Dia de angústia que, em dado momento, pareceu ser o nosso último. Pela madrugada trouxe-se água e, pouco depois, Inti e Willy saíram em busca de outra possível descida para a garganta, mas retrocederam logo, pois toda a colina da frente está marcada por uma vereda aberta e um camponês a cavalo descia por ela. Às 10 passaram à nossa frente 46 soldados, com suas mochilas postas, tardando séculos a distanciarem-se. Às 12 fez para sua aparição outro destacamento, agora de 77 homens e, para cúmulo, ouviu-se um tiro nesse momento e os soldados tomaram posições; o oficial ordenou que descessem pela quebrada, que parecia ser a nossa. Mas, finalmente, comunicaram-se por rádio e o oficial pareceu ficar satisfeito, reiniciando a marcha. Nosso refúgio não tem defesa contra um ataque dirigido de cima e as possibilidades de escapar seriam remotas, se nos descobrissem. Mais tarde passou um soldado atrasado com um cão cansado, pois puxava-o pela guia para que trotasse; e, ainda depois, um camponês guiando um soldado retardatário. O camponês regressou daí a instantes e já não constituía novidade, mas a angústia do momento do tiro foi grande. Todos os soldados passaram com mochila, o que dá impressão de que se retiram; não se viram luzes na caserna, quando caiu a noite, nem se ouviam os disparos com que habitualmente saúdam o pôr do sol.

Uma chuva fina nos molhou, mas parece que não foi suficiente para apagar pegadas.

Ouvi no rádio a identificação de *El Coco* e uma notícia confusa sobre Júlio; Miguel é confundido com Antonio, cujos cargos foram recebidos em Manila. No começo, fizeram correr a notícia da minha morte, depois veio o desmentido.

29

Outro dia de tensão. Início da exploração: Inti e Aniceto saem cedo para vigiar a casa durante todo o dia. Logo de manhã começaram a transitar no caminho e no meio da manhã passam soldados sem mochila em ambas as direções, além de outros conduzindo burros vazios para cima, os quais voltam logo descendo carregados. Inti chegou às 18h15, informando que os dezesseis soldados que desceram se enfiaram pelos terrenos de lavoura e não foram mais vistos. Diante de tais notícias era difícil tomar a decisão de fazer esse caminho, o mais fácil e lógico, dado ser fácil que existam soldados emboscados e, em todo o caso, há cães na caserna que denunciariam nossa presença. Amanhã sairão duas explorações: uma no mesmo lugar de hoje e outra para sondar as possibilidades da escalada pela rocha; talvez haja por aí alguma saída, provavelmente atravessando o caminho usado pelos soldados.

30

Outro dia de tensão. Pela manhã, a Rádio Balmaceda, do Chile, anunciou que altas fontes do Exército acreditavam ter encurralado *Che* Guevara em uma garganta selvática. As emissoras locais, em silêncio; parece ser uma atitude premeditada pelo fato de terem a certeza de nossa presença. Daí a pouco, recomeçou o vaivém de soldados. Às 12, passaram quarenta em colunas separadas e arma em riste. Acamparam diante da casa e organizaram uma vigilância nervosa. Aniceto e Pacho me informaram disso. Inti e Willy voltaram com a notícia de que o rio Grande está a 2 quilômetros, em linha reta: há três casas para cima, pelo desfiladeiro, e é possível acampar em lugares onde não seríamos vistos de nenhum lado. Procuramos água e às 22 horas iniciamos uma exaustiva marcha noturna, demorada por *El Chino*, que caminha muito mal na escuridão. Benigno está muito bem, mas a recuperação de *El Medico* é extremamente lenta.

RESUMO DO MÊS

Deveria ter sido um mês de recuperação e esteve prestes a sê-lo, mas a emboscada em que tombaram Miguel, *El Coco* e Júlio malogrou tudo e depois ficamos em uma posição perigosa, perdendo-se ainda León. Com a deserção de Camba nada se perdeu. Tivemos pequenos encontros em que matamos um cavalo, matamos e ferimos um soldado, e Urbano travou tiroteio com uma patrulha. Por fim, a nefasta emboscada de La Higuera. Já largamos as mulas e creio que durante muito tempo não teremos animais desse tipo, salvo se eu tiver alguma recaída de asma. Entretanto, parecem ser certas várias notícias sobre mortos de nosso outro grupo, que devemos considerar liquidado, embora seja possível que esteja vagando um grupinho fugindo ao contato com o Exército, pois a notícia da morte conjunta dos sete pode ser falsa ou, pelo menos, exagerada.

As características são as mesmas do mês passado, salvo que é o Exército quem, agora, está revelando maior eficácia em sua ação e a massa camponesa não só em nada nos ajuda como se converte em delatora.

A tarefa mais importante é escapulir e procurar zonas mais propícias; depois os contatos, apesar de todo o mecanismo estar desconjuntado em La Paz, onde também nos deram duros golpes. O moral do restante do grupo manteve-se bom, só tendo dúvidas quanto a Willy, que talvez aproveite a confusão de um momento como este para escapulir sozinho, se não se falar com ele.

Falei longamente com Pablito: como todos, está preocupado com a falta de contatos e opina que nossa tarefa fundamental é restabelecê-los com a cidade. Mas revelou-se firme e decidido.

CAPÍTULO 13

Outubro

1

h – 1.600 m.

Este primeiro dia do mês passou sem novidades. Ao amanhecer chegamos a um pequeno bosque onde acampamos, colocando sentinelas nos diferentes pontos de aproximação. Os quarenta homens afastaram-se por uma garganta que pensávamos tomar, disparando alguns tiros. Às 14 horas ouviram-se os últimos disparos. Nas casernas parece não haver ninguém, se bem que Urbano tenha visto descer cinco soldados que não prosseguiram por qualquer caminho. Decidi permanecer aqui mais um dia, pois o local é bom e com a retirada garantida, pois dominam-se quase todos os movimentos da tropa inimiga. Pacho, com Nato, Dario e Eustáquio, foi buscar água e regressou às 21 horas. Chapaco cozinhou frituras e dividiu comigo um pouco de charque, com o que a fome ainda não se faz sentir.

Não houve notícias.

2

O dia decorreu sem o menor vestígio de soldados, mas umas cabras conduzidas por cães-pastores passaram pelas nossas posições e os animais ladraram. Decidimos passar para o lado de um dos campos de cultivo que está mais perto da garganta e iniciamos a descida às 18 horas, com tempo para chegarmos comodamente e cozinhar antes da encruzilhada, mas Nato perdeu-se e teimou em prosseguir. Quando decidimos regressar, nos perdemos todos e passamos a noite em claro, sem poder cozinhar e com muita sede. O rádio nos deu a explicação da movimentação de soldados no dia 30. Segundo notícias, difundidas pela Cruz del Sur, o Exército comunicou ter tido um encontro em Abra del Quiñol com um pequeno grupo nosso, sem que houvesse baixas de ambas as partes, embora digam ter encontrado manchas de sangue na nossa fuga. O grupo era de seis indivíduos, segundo o mesmo comunicado.

3

Dia longo e desnecessariamente intenso: ao nos mobilizarmos para chegar a nosso acampamento-base, chegou Urbano com a notícia de que ouvira comentar por uns camponeses que passavam: "Esses são os que falavam ontem à noite", enquanto nós estávamos a caminho. A informação pareceu-me inexata, mas decidi proceder como se nela acreditasse e fosse verdadeira. Sem mitigar a sede, subimos novamente a um cômodo que domina o caminho dos soldados. O restante do dia continuou em perfeita calma. Ao anoitecer, descemos todos e fizemos café, que sorvi divinamente, apesar da água salobra e do cheiro de toucinho da caçarola onde foi fervido.

Notícia no rádio de dois prisioneiros: Antonio Dominguez Florez (León) e Orlando Jiménez Bazán (*El Camba*); este reconhece ter lutado contra o Exército; aquele diz ter-se entregue à palavra presidencial. Ambos dão abundantes notícias de Fernando, a sua doença e tudo o mais, sem contar o que terão falado e não se publica. Assim acaba a história de dois heroicos guerrilheiros.

Escutamos uma entrevista de Debray muito valente em face de um estudante provocador.

4

Ao reiniciarmos a marcha, caminhamos com dificuldade até às 5h15, momento em que abandonamos uma pista de gado e nos internamos em um bosque ralo, mas suficientemente alto para ficarmos distantes de olhares indiscretos. Benigno e Pacho fizeram várias explorações, procurando água e inspecionando meticulosamente uma casa próxima, sem encontrar uma gota sequer; provavelmente terá algum poço ao lado. Quando terminavam a exploração, viram seis soldados chegar a casa. Saímos ao anoitecer, esgotados pela falta de água e Eustáquio chorando e gemendo por um bochecho de água. Após um caminho muito ruim e alcantilado, que nos obrigou a várias paradas, chegamos de madrugada a um bosque onde se ouve o latido dos cães próximos. Destaca-se perto um penhasco alto e sem vegetação.

h – 2.000 m.

5

Benigno tem a ferida um pouco supurada. Faço-lhe o curativo e dou uma injeção a *El Medico*. De noite, Benigno queixa-se de dores, em consequência do tratamento que lhe fiz. O rádio informa que nossos dois "Cambas" foram transportados para Camiri, para servirem de testemunhas no julgamento de Debray.

6

As explorações demonstraram que tínhamos uma casa muito perto, mas também que, em uma quebrada mais distante, havia água. Para lá nos dirigimos e cozinhamos todo o dia sob uma grande laje que servia de teto, apesar de eu não ter passado o dia tranquilo, pois nos aproximávamos à luz do sol de lugares muito povoados. Como a comida atrasou, decidimos sair de madrugada até um afluente próximo deste riacho e daí, então, fazer uma exploração mais exaustiva, para determinar nosso futuro rumo.

A Rádio Cruz del Sur informou acerca de uma entrevista dos "Cambas"; Orlando foi um pouco menos velhaco. A rádio chilena informou, de uma notícia censurada, que há 1.800 homens nesta região à nossa procura.

h – 1.750 m.

7

Cumpriram-se os onze meses de nossa inauguração guerrilheira sem complicações, bucolicamente; até às 12h30, em que uma velha, pastoreando seu rebanho de cabras, entrou na garganta onde havíamos acampado e foi preciso enxotá-la. A mulher não deu qualquer notícia fidedigna sobre os soldados, respondendo a tudo que não sabe, que há muito tempo que não passa por ali. Só deu informação sobre os caminhos; do resultado das suas explicações deduzimos que estamos, aproximadamente, a uma légua de Higueras e outra de Jaguey, e a 2 léguas de Pacurá. Às 7h30, Inti, Aniceto e Pablito foram à casa da velha que tem uma filha paralítica e outra meio anã. Deram-lhe 50 pesos com o compromisso de que não fosse falar nem uma só palavra, mas com poucas esperanças de que o respeite, apesar das promessas. Saímos os dezessete com pouca lua e a marcha foi muito exaustiva; deixamos muitos rastros na garganta onde estávamos, que não tem casas próximas mas sementeiras de batatas, regadas por calhas do mesmo riacho. Às 2, paramos para descansar, pois era inútil seguir em frente. *El Chino* converte-se em uma verdadeira carga quando é preciso caminhar de noite.

O Exército deu uma estranha informação sobre a presença de 250 homens em Serrano para impedir a passagem dos sitiados, em número de 37, indicando como zona do nosso refúgio a que fica entre o rio Acero e o Oro. A notícia parece ser de diversão.

h – 2.000 m.